KB205813

인생의 딜레마를 풀어내는 성경의 지혜

욥기와 전도서 강해 ―

김현회 지음

삶의 수수께끼

겨자씨서원

목 차

　　김현회 목사님은 탁월한 성경교사입니다. 하나님의 말씀을
해석하고 이해하는 것은 교역자가 누구나 할 수 있는 것이지
만, 자신이 깨달은 것을 그 넓이와 높이와 크기와 깊이를 모
두 담아서 전달하기는 어려운 일입니다. 하지만 김목사님은
자신이 깨닫고 정리한 모든 것을 그의 말과 표현에 담아 듣는
이들에게 전달하고, 듣는 이들로 하여금 성경의 세계로 빠져
들게 하는 은사를 가지고 있습니다. 짧지 않은 시간동안 김목
사님과 동역하면서 저는 늘 그가 가르치는 시간에 감동을 받
곤 했습니다.

　　이번에 제목도 신기한 "삶의 수수께끼"를 펼쳐 내었습니다.
아주 정확한 신학과 성경해석을 기초로 그 의미를 담은 강해
를 주로 해서 집필을 했습니다. 성경의 의미와 삶의 적용을 위
한 깊은 강해가 무거운 망치처럼 우리 가슴을 두드립니다. 특
별히 지혜서인 욥기와 전도서를 다루면서 우리가 얻어야 할
하늘의 지혜를 정리한 것은 땅을 파고 진주를 찾아 갖는 느낌
을 가져다 줍니다. 욥기를 통해 여호와를 경외하는 것이 지혜
인 것을 발견하게 해주는 것은 놀랍습니다. 전도서를 분복과

본분과 지혜로 분류하고 강해한 것은 정제된 진리의 정수를 보여주고 있습니다.

번잡한 세상에서 그리고 인류의 욕심이 낳은 코로나 바이러스의 짓누르는 상황 속에서 하나님의 백성으로 사는 일조차 버거움을 느끼고, 그나마 기대하던 말씀의 가르침이 우리의 마음을 가을바람처럼 스치다가 말아버리는 진리의 기근 상황 속에 우리는 있습니다. 마음을 잡아주고, 마음을 놓게 하고, 안개와 같은 인생의 길에서 나를 담궈 놓을 수 있는 진리에 대한 열망이 사막열기의 갈증과 같이 일어나는 지금, 지혜를 얻게 하는 욥기와 전도서 강해가 한줄기 시원한 생수가 되고, 마음을 다잡게 만드는 진리의 세례가 될 것입니다. 다시 진리로 돌아와 진리로 자유케 되고, 지혜의 샘물을 얻고 살아가는 기회를 갖기 원하는 간절함으로 이 책을 권합니다.

고종율 목사
파이디온선교회/ 도서출판 디모데 대표

김현회 목사는 1985년 여름, 총각시절에 처음 만났습니다. 남달리 깊고, 그런데 고고 하지 않으며 오히려 친절하고, 한편으로 웃기는 구석이 있는 청년이었습니다. 그 후로 각자 하나님의 부르심을 받고 목사가 된 후, 2006년 우리교회의 수양회에 강사로 초청하였습니다. 그 때 메시지들은 교회에게 깊은 충격과 아울러 개안의 기쁨을 주었습니다. 그 후로 매년 김현회 목사를 초청하여 수양회에서 말씀을 들었습니다. 말씀을 듣고 싶은 제자가 된 셈입니다. 욥기와 전도서의 말씀도 그 중의 일부입니다.

김현회 목사는 통찰력 있는 안목으로 성경의 본문을 두루 짚어가며 전체적인 주제를 찾아내는 탁월한 성경 교사입니다. 성경 각권을 조망적으로 이해하도록 가이드하면서 성경본문 내면으로 이끌어줍니다. 그래서 여행을 안심하고 따라갈 수 있습니다. 그 여행을 같이 하다 보면 김현회 목사가 꼼꼼히 찾아낸 메시지들을 만나게 됩니다. 그리고 전체와 디테일을 발견하는 기쁨을 갖게 됩니다.

김현회 목사에게는 매우 중요한 한 가지가 더 있습니다. 건강이 손상된 실존의 문제를 떠안고 현대인으로서 매일을 살아가는 불편함, 절망감을 비롯해 헤아릴 수 없는 내밀한 호소가 단련해냈을 인격입니다. 그 인격이 생산해내는, 남다를 수밖에 없는 깊은 질문들이 어떤 대답을 찾았는가가 진실로 궁금합니다.

"삶의 수수께끼"라는 제목으로 출판된 본서는 그 궁금함에 대한 대답입니다. 이해할 수 없는 고난을 당한 욥의 질문에 대한 만족한 대답이고, 화려한 인생을 살았던 솔로몬의 인생 회상에 대한 뜻밖의 결과물이면서도, 김현회 목사가 자신의 인생에게, 또 하나님께 던진 깊은 질문에 대하여 하나님이 주신 응답입니다. 질문으로 가득 차 있을 법한 김현회 목사의 인격이 하나님이 적어주신 욥기와 전도서의 구절들을 만나서 비로소 이해되고, 위로받고, 대답을 얻었을 것이라고 생각합니다.

하나님께서는 한 목사의 진실한 부르짖음을 은혜로 품으시고, 설교와 저서로 엮어내셨습니다. 간절한 기도로 소원을 간

구한 김현회 목사에게 응답대신, 외면하심으로 사랑하신다고 응답하셨습니다. 그리고 그 단련된 인격이 두루 다니며 지혜를 찾아내도록 '가혹하게' 연단하셨습니다. 그러므로 본서의 주제는 자신의 삶의 내용과도 일치합니다.

생활에서 보탬이 되는 교훈을 찾아내는 실력으로, 거리를 두고 읽는 성경의 스토리는 남의 이야기입니다. 그러나 성경의 주인공에게 몰입하여 읽으면 그들의 하나님을 만나게 됩니다. 김현회 목사의 글도 쏟아져 나오는 많은 저서들 중의 하나로 '배울 것 없나?'하고 읽으면, 배울 것을 찾는 수준에서 멈출 것입니다. 그러나 욥의 고난이 나의 고난과 묵상 중에 중첩이 되고, 노인이 된 솔로몬과 함께 궁정을 거닐면서 인생의 허무로 인하여 가슴 시린 경험이 있다면, 욥의 하나님, 솔로몬의 하나님을 만나게 될 것입니다. 김현회 목사의 글을 그렇게 진지하게 읽고, 고뇌에 찬 저자의 목소리를 상상하면서 읽으시기를 권합니다.

박현철 목사
그레이스포인트 침례교회

1부
욥기 강해

"내가 가는 길을 그가 아시나니 그가 나를 단련하신 후에는
내가 순금 같이 되어 나오리라"(욥기 23:10, 개역개정).

인생 딜레마에 대한 하나님의 해법

욥기에 대한 전체적인 그림

"여호와께서 사탄에게 이르시되 네가 내 종 욥을 주의
하여 보았느냐. 그와 같이 온전하고 정직하여 하나님을
경외하며 악에서 떠난 자는 세상에 없느니라. 사탄이 여
호와께 대답하여 이르되 욥이 어찌 까닭 없이 하나님을
경외하리이까. 주께서 그와 그의 집과 그의 모든 소유물
을 울타리로 두르심 때문이 아니니이까. 주께서 그의 손
으로 하는 바를 복되게 하사 그의 소유물이 땅에 넘치게
하셨음이니이다. 이제 주의 손을 펴서 그의 모든 소유물
을 치소서. 그리하시면 틀림없이 주를 향하여 욕하지 않
겠나이까. 여호와께서 사탄에게 이르시되 내가 그의 소
유물을 다 네 손에 맡기노라 다만 그의 몸에는 네 손을 대
지 말지니라. 사탄이 곧 여호와 앞에서 물러가니라"(욥기
1장 8~12절, 개역개정).

욥기를 시작하면서

욥기는 제가 가장 좋아하는 성경 중의 하나입니다. 제가 욥기를 좋아하게 된 것에는 개인적인 이유가 있습니다. 1987년 여름 한국을 방문했을 때 저는 친구들과 함께 욥기의 연극공연을 보았습니다. 극단 이름은 잊어버렸는데 탤런트 임동진씨가 주인공인 욥으로 등장하고 현대판으로 각색한 것이었습니다. 그 연극을 보고 나서 같이 보았던 친구들과 함께 토론을 나누었습니다.

저는 그때 "이 연극은 너무 피상적이다. 욥기의 메시지를 겉으로만 파악하고 핵심은 꿰뚫지 못한 것 같다"는 취지의 말을 했고, 같이 토론하던 친구들도 "그래, 네 생각이 맞는 것 같다. 그럴듯하다"라고 부추겨 주었던 것을 기억합니다. 저는 그 당시에 욥기를 잘 이해하고 있었던 것도 아니었으면서 다소 건방진 말을 했던 것입니다.

그 해, 한국에서 돌아온 후 저는 가을부터 신장이 몹시 망가져서 투석을 하게 되었습니다. 어쩌면 욥기의 내용이 제 삶에 현실이 되었던 것인지도 모릅니다. 신장투석을 하는 4년 동안 저는 욥기를 많이 묵상하게 되었습니다. 한국에서 잘 모르는 채로 했던 말, "욥의 고난을 제대로 파악하지 못한 것 같다"라는 말씀을, 성경을 묵상해 가면서 구체적으로 터득하게 되었습니다. "아, 욥이 경험했던 고난의 본질이 이런 것이었구나." "아, 욥기가 전달하고자 하는 메시지는 이런 것이구나"라는 깨달음을 가지기 시작했습니다. 그때 이후로 욥기는 저에게 너무나 깊은 감동과 기쁨과 힘을 주는 책이었고 메시지였습니다.

욥기 개관

욥기는 전부 42장이고, 이 42장은 크게 셋으로 나누어집니다. 처음 1–2장은 서론(prologue)입니다. 그 다음부터 끝의 한 장을 남겨 놓은 곳까지, 즉 3장부터 41장까지가 욥기의 중심 내용입니다. 이것이 본론이고 대화(dialogue)라고 하지만, 저는 이것을 '변론'이라는 제목을 붙이고 싶습니다. 그리고 마지막 42장은 결론(epilogue)입니다.

서로 이야기하는 대화의 앞부분은 욥과 그의 세 친구의 대화로 되어 있습니다. 욥과 세 친구가 나누는 대화는 친구들 세 사람이 한 번씩 이야기 하고, 그 다음에 욥이 이야기 하는 방식으로 세 번의 사이클이 반복되면서 3장부터 31장까지 계속 됩니다. 그 다음 32장부터 37장 까지는 엘리후의 이야기입니다. 38장부터 42장까지는 하나님께서 등장하셔서 말씀하십니다.

처음 1, 2장과 마지막 한 장, 즉 서론과 결론은 이야기체로 스토리를 서술해 가는 형식으로 되어 있고, 본론인 3장부터 41장 까지는 시어(詩語)에 가까운 운문체로 대화하는 방식으로 구성되어 있습니다. 욥기를 한 편의 연극이나 드라마로 생각한다면 이해하기 쉽습니다.

욥기의 네 가지 주제

욥기의 주제는 무엇일까요? 욥기하면 여러분은 '고난'을 제일 먼저 떠올리게 될 것입니다. 고난이 욥기의 가장 중요한 주제라고 하면 달리 말하고 싶은 사람도 있겠지만, 욥기가 고난을 주로 다루고 있는 고난의 책이라는 것은 부인할 수 없을 것입니다. 그래서 욥기의 첫 번째 주제는 '고난'이라고 할 수 있습니다. 고난 중에서도 자기의 잘못으로 인한 고난이 아니고, 아무것도 잘못한 것이 없는 사람이 겪는 무고한 고난입니다. 이것은 고난의 문제이면서 뒤집어보면 악의 문제라고도 말할 수 있는데 굉장히 철학적인 이야기입니다.

두 번째 주제는 '지혜'입니다. 욥기는 성경 중에서 지혜문학이라는 장르에 속합니다. 욥기 외에 잠언, 전도서, 시편 중의 몇 편, 특히 시편 1편과 같은 것을 지혜문학이라고 부릅니다. 지혜문학이라는 것은 '사람이 이 세상에서 어떻게 살아야 하느냐, 바른 삶이 무엇이냐'를 주로 다루는데, 욥기는 고난을 하나의 모티브로 선택해서 이야기를 전개해 나가지만 진정으로 말하고자 하는 것은 지혜입니다. 욥기의 요절이라고 할 수 있는 28장 28절에서도 지혜에 대해서 말하고 있습니다.

세 번째 주제는 '하나님'입니다. 욥기는 하나님에 대한 책입니다. 욥이 세 친구와 대화를 나누는데 이 대화는 신학토론입니다. 각자가 자기가 아는 하나님을 말하고 있습니다. '왜 욥이 고난을 당하느냐'하는 주제를 가지고 욥의 세 친구들은 각자 그 이유를 신학적으로 설명하는 것입니다. 욥이 운이 나쁘고, 재수가 없어서 고난을 당하는 것이 아니라 하나님께서 하신 일이라는 것입니다. 그래서 각자 자기가 믿는 하나님을 이야기합니다. 비록 세 친구의 말이 나중에 하나님에 의해서 틀렸다고 판정되지만 저는 이 토론하는 장면이 너무 멋있게 보입니다.

하는 말을 했다고 책망하셨습니다. 그리고 욥은 오히려 친구들을 위해서 하나님 앞에 제사를 드리고 친구들의 용서를 구했습니다.

욥이 다시 회복되었습니다. 재산도 옛날처럼 많아지고, 자식도 똑같이 딸 셋, 아들 일곱을 다시 얻었습니다. 그리고 오랫동안 행복하게 살았다는 이야기입니다. 여러분, 하나님께서는 왜 아들 일곱에 딸 셋을 욥에게 주셨을까요? 짐승은 두 배로 주셨습니다. 그런데 자식은 두 배로 안 주시고 동일한 수로 주셨습니다. 사람은 죽으면 끝이 나는 것이 아니기 때문에, 이미 죽었지만 욥의 자식들은 살아 있습니다. 그래서 저는 자식들은 전과 똑같은 수로 주셔도 두 배가 되기 때문에 두 배로 주실 필요가 없다고 생각합니다. 아무튼 지금까지의 이야기가 욥기의 내용입니다.

두 가지 오해

대략을 살펴보았으니까 이제부터 심층적으로 들어가려고 합니다. 제일 먼저 생각해 보아야 할 것은 욥기에 두 가지 오해가 나온다는 사실입니다. 두 가지로 보아도 되고, 세 가지로 보아도 되고, 더 많은 오해가 있다고도 할 수 있지만, 일단 두 여러분, 우리가 삶에서 일어나는 일을 놓고 이렇게 신학적으로 토론할 수 있을까요? 신학적 토론이라고 하면 어렵게 생각되지만, 간단히 말하면 믿음의 관점에서 어떤 사실을 보는 것입니다. 오늘 아침 우리 옆집 아저씨가 교통사고를 당해서 크게 다쳤다면 동네사람들이 모여서 "왜 그런 일이 일어났는가?"를 서로 이야기할 것입니다. 어떤 사람이 "예수를 안 믿어서 그래"라고 말하면, 또 다른 사람이 "예수 안 믿는 사람이 모두 사고를 당하면 나도 사고를 당해야 한다는 말이야?"라고 대꾸할 수 있습니다. 또 다른 사람이 "예수 믿는 사람이 그런 말 하면 안 돼. 욥의 경우를 생각해 봐"라고 합니다. 이런 이야기가 결국은 모두 신학토론인 것입니다. 우리가 얼마나 하나님을 많이 알고 있는가, 얼마나 바로 알고 있는가를 이야기하고 있는 것입니다.

욥기에서 누가 하나님을 제일 잘 알고 있었습니까? 욥입니다. 욥이 하나님을 가장 잘 알고 있었습니다. 그러나 욥기의 결론 부분에서 욥은 하나님을 잘 몰랐다고 고백합니다. 욥은 "내가 알지 못하는 말을 했다. 하나님 앞에 죄송하다. 잘못했다"라고 고백합니다. 우리가 욥기를 다 공부하고 나면 하나님이 어떤 분이신지를 알게 되어야 합니다. 만약에 우리가 욥기를 다 공부하고 나서도 하나님을 잘 모른다면 욥기를 헛되이 공부한 것입니다.

저는 고난, 지혜, 하나님이라는 세 가지 주제를 말씀드렸습니다. 그러나 이 셋 보다 더 중요한 주제가 있다고 생각합니다. 그것은 '믿음'입니다. 이 모든 주제를 통합하는 것이 믿음입니다. 욥기는 믿음을 가르쳐 주기 위한 책입니다. 고난은 우리 믿음이 어떤가를 드러내는 시험대입니다. 우리가 진짜 믿음이 있는지 어떻게 알 수 있습니까? 평소에는 알 수 없습니다. 어떤 사람은 "저 집사님은 새벽기도에도 열심히 나오고 십일조도 잘하고 교회봉사도 열심히 하고 믿음이 참 좋아"라는 말을 들을 수도 있고, 어떤 사람은 "저 분은 성경지식도 많고 아는 것도 많고 신학교에 가지도 않았는데 신학박사야"라는 평가를 들을 수도 있습니다. 그러나 그 사람이 진짜 믿음이 있는 사람인가는 시험을 당해 보아야, 시련에 부딪혀 보아야 알 수 있습니다. 믿음이 좋은 것 같았던 사람들도 시련을 당하면 형편없이 무너질 수 있습니다. 고난은 우리 믿음이 진짜인지 가짜인지를 드러냅니다. 그리고 고난을 통과하면서 우리 믿음은 굳센 믿음이 되는 것입니다. 이처럼 고난을 믿음과 연결시켜서 이해해야 합니다.

지혜란 무엇인가? 하나님의 뜻을 알고 그 뜻대로 살아가는 것이 지혜입니다. 이 세상은 하나님께서 지으신 것이며 하나님께 속한 것입니다. 그러므로 우리가 세상을 살아갈 때 마땅히 걸어가야 하는 하나님께서 정하신 길을 아는 것이 지혜입니다. 그러므로 우리가 믿음으로 살아가기 위해서 반드시 필요한 것은 지혜입니다. 하나님의 뜻을 알고 하나님이 원하시는 것을 알 때 우리가 비로소 믿음으로 살 수 있기 때문입니다.

우리가 하나님을 바로 안다면 그분에 대한 반응이 믿음입니다. 우리가 하나님을 이러 이러한 분이라고 이해했다면, 이제는 그 하나님의 뜻대로 그 하나님께 맞추어 살아가겠다는 반응이 믿음입니다. 앞으로 이 욥기 강해를 통해서 고난, 지혜, 하나님이라는 주제들을 모두 다루겠지만, 이 모든 것을 통합한 욥기의 주제는 믿음이라는 것을 다시 한 번 강조하고 싶습니다. 욥이 고난을 통과해 가면서 어떻게 그의 믿음이 성장해 가고 굳세어져 가는 지 살펴보겠습니다.

욥기를 보는 관점

욥기에 접근하는 것에는 두 가지 관점이 있습니다. 첫 번째는 욥기를 바깥에서 보는 것입니다. 즉, 관람석에 앉아서 무대에서 공연되고 있는 연극을 보듯이 욥기를 보는 것입니다. 관객의 입장, 제 3자의 입장에서 욥기라는 연극을 보면 모든 장면을 볼 수 있는 장점이 있습니다. 관객인 우리는 천상의 장면을 다 알 수 있습니다. 막이 열리고, 하나님의 어전이 나오면서 거기서 벌어지는 일들은 무대 바깥에서만 알 수 있는 것이고, 욥기 안에 있는 등장인물들은 알 수가 없습니다. 천상의 장면을 아는 사람은 모든 상황이 이해가 됩니다. 왜 그런 일이 일어나고, 왜 그런 일이 그렇게 진행되었는지 모두 압니다. 그래서 욥기를 바깥에서 보는 일이 필요합니다.

두 번째는 욥기를 안에서 보는 것입니다. 즉, 등장인물 중의 한 사람이 되어서 그 극에 참여하는 것입니다. 우리는 욥의 친구들의 입장이 될 수도 있지만, 더 좋은 것은 욥의 입장이 되는 것입니다. 여러분 자신이 욥이 되어서 그에게 일어나는 모든 일을 경험한다고 생각해 보십시오. 안에서 보는 관점의 문제는 천상의 장면을 모르는 것입니다. 욥은 끝까지 천상의 장면에 대해서 몰랐습니다. 바꾸어 말하면 욥은 끝까지 자기가 왜 고난을 당했는지를 몰랐습니다. 마지막의 결론에 이르러도 욥에게 그 얘기를 하지 않았습니다.

그래서 안으로 들어가면 믿음이 실재가 됩니다. 밖에서 보면 모두 알고 있으니까 어려움이 없습니다. 밖에서 보면 "욥아, 조금만 참지, 그렇게 못 참고 안달을 하느냐, 하나님이 다 알아서 선하게 하실 텐데 조금만 참지"라고 쉽게 말 할 수 있습니다. 욥은 천상의 장면을 모릅니다. 우리가 욥과 같은 주인공이 되어 현장 속에서 고난을 경험하다보면 믿음이 뿌리째 흔들립니다. 욥의 입장에서 욥기를 보면 너무 괴롭지만 유리한 점이 있습니다. 이것이 남의 이야기가 아닌 것입니다. 이것은 우리의 실존적인 문제입니다. 밖에서 보는 사람은 철학적으로 논쟁할 수 있습니다. "욥은 이래서 잘 했고, 욥의 친구는 이래서 못했어"라고 쉽게 말할 수 있습니다. 그러나 욥 자신이 되어서 이 고난을 통과해 보십시오. 지금 혹시 여러분 중에 그러한 고난을 통과하는 분이 있습니까?

욥이 부르짖는 소리를 들으면 처절합니다. 욥이 "내가 어떻게 하면 하나님이 계신 곳을 알고 그 앞에 나아갈까, 내가 하나님이 계신 곳을 알아서 그 앞에 나아가면, 내 입에 말을 가득 채우고 나가서 하나님 앞에서 모든 것을 토해놓고 질문할 것이다. 하나님께서 내 말을 들으실까? 아니면 외면하실까? 하나님께서는 들으실 것이다"라고 외칩니다. 그러나 욥은 뒤로 가도 앞으로 가도 옆으로 가도 하나님을 볼 수 없었습니다. 하나님을 만날 길이 없었습니다. 지금 고난을 통과하시는 분 중에도 그런 분들이 있을 것입니다. 하나님을 만나기만 하면 이 문제를 해결할 수 있는데 하나님은 응답을 안 하십니다. 하나님은 외면하십니다.

이렇게 안에서 보는 관점으로만, 실질적인 고난의 한 복판에서만 깨달을 수 있는 진리가 있습니다. 그래서 우리는 욥기를 밖에서 보는, 그리고 안에서 보는 두 가지의 접근을 모두 취해 볼 예정입니다. 이제껏 서론적인 내용을 말씀드렸는데, 지금부터는 욥기의 스토리를 간단하게 요약하고, 먼저 밖에서 보는 관점을 취해서 말씀드리겠습니다.

욥기의 줄거리

막이 오르면 욥이라는 사람을 소개하는 내레이션이 나옵니다. 욥기 1장 1절부터 3절입니다. "우스 땅에 욥이라 이름 하는 사람이 있었는데, 그 사람은 순전하고 정직하여 하나님을 경외하며 악에서 떠난 자더라. 그 소생은 남자가 일곱이요, 여자가 셋이며, 그 소유물은 양이 칠천이요, 약대가 삼천이요, 소가 오백 겨리요, 암나귀가 오백이며, 종도 많이 있었으니 이 사람은 동방사람 중에 가장 큰 자라."

　이것이 욥을 소개하는 성경 내용입니다. 이 소개를 살펴보면, 욥은 물질적으로 굉장히 축복받은 사람입니다. 짐승의 숫자로 그의 재산을 표현하는 것으로 보아 욥이 살았던 시대는 족장시대였던 것 같습니다. 아마 아브라함, 이삭, 야곱과 동시대의 사람이었던 것 같습니다. 왜냐하면 그 시대에는 재산을 짐승의 수로 표현했기 때문입니다. 욥은 엄청난 부를 가진 사람이었습니다. 참고로 그렇지 않은 예도 물론 있지만, 구약에는 부가 하나님의 축복이라는 개념이 깔려 있습니다. 어떤 사람이 큰 부자인데 그가 특별히 부정한 방법으로 부를 축적한 것이 아니라면, 그 부는 하나님께서 인정하신 것이고, 그는 축복받은 사람이라는 뜻이 내포되어 있었습니다. 또한 욥은 아들이 일곱이요, 딸이 셋입니다. 그 당시에는 자식이 많은 것도 큰 복이었습니다.

　욥은 재산도 많고 자식도 많았습니다. 그러나 그것보다 더 뛰어난 욥의 위대함은 그의 신앙, 그의 성품, 그의 인격이었습니다. "욥은 순전하고 정직하여 하나님을 경외하며 악에서 떠난 자"이며, "동방 사람 중에 가장 큰 자"라는 평가를 받았습니다. 이러한 욥에 대한 평가는 욥기의 저자뿐만 아니라 하나님께서도 직접 인정하신 것입니다. 1장 8절에 하나님께서 사탄에게 "네가 내 종 욥을 유의하여 보았느냐? 그와 같이 순전하고 정직하여 하나님을 경외하며 악에서 떠난 자가 세상에 없느니라"고 말씀하셨습니다. 하나님께서 인정하신 것입니다. 이토록 위대한 욥이었습니다.

그런데 어느 날, 하늘에서 어전 회의가 열렸습니다. 하나님께서 보좌에 앉아계시고, 하나님의 종인 천사들이 하나님 앞에 다 모였습니다. 그때 사탄도 하나님 앞에 왔습니다. 여기서 우리가 알 수 있는 것은 사탄은 하나님의 권세 밑에 있는 존재라는 것입니다. 하나님께서 허락하시는 범위까지만 활동할 수 있는 존재입니다. 사탄은 하나님의 적이지만, 하나님과 대등한 입장에 있지 않습니다. 사탄은 하나님 앞에 굴복할 수밖에 없는 존재입니다.

하나님께서 사탄에게 욥을 자랑하셨습니다. "네가 내 종 욥을 유의하여 보았느냐? 그와 같이 순전하고 정직하여 하나님을 경외하며 악에서 떠난 자가 세상에 없다." 그러자 사탄이 거기에 대해서 딴죽을 걸었습니다. "어찌 욥이 까닭 없이 하나님을 경외하겠습니까? 하나님께서 그를 산울로 두르시고" 산울로 두른다는 말은 보호하신다는 말입니다. 다시 말하면 "그의 방패막이 되어주셔서 그의 재산도 지켜주시고 그에게 모든 축복을 주시니 욥이 하나님을 경외하는 것은 당연하지 않습니까"라는 말입니다. 그 말을 듣고 하나님께서 코너에 몰리셨습니다. 여기에 대해서는 제가 조금 후에 다시 설명하겠습니다. 지금은 개략적인 전체 스토리만 말씀드리겠습니다. 아무튼 하나님께서 허락을 하십니다. "네 마음대로 욥에게 해봐라. 다만 그의 몸에는 손을 대지 마라." 그러자 욥은 하루아침에 모든 것을 잃었습니다. 모든 재산과 자식을 잃었습니다. 그런데 욥은 원망하지 않았습니다. 욥은 "주신 자도 하나님이요, 취하신 자도 하나님이니 하나님의 이름이 영광 받을 지어다"라고 하면서 불평하지 않았습니다.

첫 라운드에서 하나님께서 이기셨습니다. 사탄이 다시 왔습니다. 하나님께서 사탄에게 "봐라 내 말이 맞지 않느냐"고 하셨습니다. 그러자 사탄이 두 번째로 딴죽을 겁니다. 사탄은 "사람은 자기 몸이 아프면 결국은 하나님을 원망하게 되어있습니다. 가죽으로 가죽은 바꿀 수 있습니다. 재산은 뭐 그럴 수 있습니다. 재산은 잃어버리면 공수래(空手來), 공수거(空手

去)라고 말할 수도 있지 않습니까? 그러나 욥의 몸을 한 번 쳐 보십시오. 욥에게 고통을 한번 주어 보십시오"라고 했습니다. 그래서 하나님께서 두 번째로 허락하셨습니다. "이번에는 몸 도 네 마음대로 해 봐라. 그러나 생명은 건드리지 마라." 그래 서 욥의 온 몸에 악창이 났습니다. 기와 조각으로 벅벅 긁어야 할 정도로 피부병이 심했습니다.

욥은 모든 것을 다 잃게 되었습니다. 자식, 재산, 명예, 그 리고 마지막으로 건강까지 잃었습니다. 심지어 욥의 아내는 "당신이 이제도 굳건히 당신의 순전을 지키겠느냐? 하나님을 욕하고 죽으라. 하나님을 저주하고 죽으라"라고 말했습니다. 그러나 욥은 그런 아내에게 "당신은 굉장히 어리석은 여자처 럼 말하는 구나. 우리가 하나님으로부터 복을 받는다면 재앙 도 받지 않겠느냐"라고 대답하며 이 모든 것에 대해서 한마디 도 불평하지 않았습니다. 여기까지가 서론입니다.

그리고 나서 욥의 세 친구가 욥을 찾아왔습니다. 엘리바스, 빌닷, 소발이라고 하는 세 친구가 멀리서 찾아와서 욥과 함께 일주일을 신음하고 탄식하면서 조용히 앉아 있었습니다. 그 다음에 욥이 입을 열어 말을 하기 시작했습니다. 그런데 여기서 부터 재미있습니다. 욥은 서론인 1, 2장에서는 한마디도 불평하지 않았습니다. 그랬던 욥이 불평하기 시작했습니다. 욥은 자기가 태어난 날을 저주하며 불평하기 시작했습니다. "남아를 배었다고 하는 그날이 캄캄했더라면." 요즘 식으로 표현하면 "어머니, 왜 나를 낳으셨나요"입니다. "내가 태어났던 그날이 저주받아 없어지고, 내가 이 세상에 태어나지 않았더라면."

이처럼 욥이 자기가 이 세상에 태어나지 않기를 바라는 마음은 창조주 하나님께 대한 원망입니다. 표현을 돌려서 했을 뿐입니다. 욥이 탄식하고 불평하자, 욥의 세 친구 중 한 사람이 욥을 책망했습니다. 이어서 욥이 그것에 대해 변명을 했습니다. 두 번째 친구가 말하고 욥이 대답하고, 세 번째 친구가 말하고 욥이 대답하고, 이런 식으로 세 번의 사이클을 반복했습니다. 친구들의 이야기 초점은 "네가 고난당하는 것은 너의 죄 때문이다. 죄 없이 망한 자는 없다. 그러므로 네가 죄 때문에 하나님으로부터 징계를 받고 있은즉 회개해라. 돌이켜라. 그러면 하나님께서 회복시켜 주실 것이다." 여러분, 이 이야기는 정답 같지 않습니까? 뭐가 틀렸습니까? 옳은 말이 아닙니까?

그러나 기억하십시오. 하나님께서는 욥을 죄인으로 보지 않으셨습니다. 욥은 순전하고 정직하여 하나님을 경외하고 악에서 떠난 자라고 하나님께서 인정하셨습니다. 그래서 욥의 친구들의 말은 틀린 것입니다. 욥의 친구들이 욥에게 처음에는 충고하는 식으로 이야기하다가 욥이 끝까지 자기는 죄가 없다고 하자, 나중에는 공격하고, 비난하고, 책망했습니다. 욥은 "나는 죄가 없다. 또 내가 죄가 있다면 너희들은 죄가 없어서 고통을 안 당하는 것이냐? 또 내가 죄가 있다고 한들 그것이 하나님께 그렇게 큰 해가 되겠느냐"라고 하며 자기의 무죄를 끝까지 주장했습니다. 욥과 그의 친구들 간의 대화는 그렇게 끝이 났습니다.

다음에 엘리후라는 사람이 등장했습니다. 그런데 이 엘리후는 수수께끼 같은 인물입니다. 그가 누구인지도 잘 알 수 없고, 그가 하는 말도 무슨 말인지 잘 알 수 없습니다. 많은 주석을 참조해 보았지만 주석가들도 엘리후의 말의 요점이 무엇인지를 찾지 못해서 헤매고 있는 것 같습니다. 엘리후는 사실 넘어가도 됩니다. 엘리후의 말의 요점은 "하나님은 인간보다 크시다. 불평하지 말라"라는 것입니다. 결국 엘리후도 욥이 왜 고난을 당하는지를 밝히지 못했습니다. 다만 "하나님은 크신 분이니 너는 하나님을 원망해서는 안 된다"고 거기까지만 이야기했습니다.

그 다음에 하나님께서 등장하셨습니다. 하나님께서 폭풍 가운데 등장하셔서 욥에게 하시는 말씀이 네 장에 걸쳐서 나옵니다. 그런데 이 부분을 읽으면 "도대체 하나님, 무슨 말씀을 하시는 겁니까"라는 질문이 떠오릅니다. 하나님께서는 무슨 자연 교과서나 자연 도감의 내용 같기도 하고, 동물원 이야기 같은 말씀을 하십니다. "우박 창고를 아느냐? 네가 하마를 보았느냐? 타조를 아느냐"하는 말씀을 하셨습니다. 그 질문에 대해서 욥은 아무런 대답을 할 수 없었습니다.

그런데 결론은 욥이 "내가 하나님에 대해서 귀로 듣기만 하였는데 이제 내 눈으로 주를 뵈옵나이다. 내가 스스로를 거두어들이고, 티끌과 재 가운데에서 회개하나이다"라고 하며 회개했습니다. 그래서 하나님께서 욥을 회복시켜 주셨습니다. 하나님께서는 욥과 친구들 간의 대화에서 욥의 편을 들어 주셨습니다. 욥의 친구들에 대해서 하나님께서는 "너희들이 나에 대해서 한 말은 욥의 말처럼 정당하지 못했다"라고 하셨습니다. 하나님께서는 욥도 틀린 말을 한 것은 아니지만 알지 못

가지를 생각해 보겠습니다.

첫 번째는 사탄의 오해입니다. 사탄은 욥이 하나님을 경외하는 것은 하나님께서 욥에게 복을 주셨기 때문이라고 말했습니다. 하나님께서 복을 주셨기 때문에 욥이 하나님을 경외한다는 말을 뒤집으면 하나님께서 복을 주시지 않으면 하나님을 경외할 사람이 없다는 것입니다. 이것은 오해이면서 도전이기도 합니다. 이것이 사탄의 오해입니다. 사탄은 "하나님, 누가 하나님을 경외합니까? 누가 하나님을 경배합니까? 하나님께서 복을 주시면 하나님을 경배하고 경외할지는 몰라도 하나님께서 복을 안주시면 하나님을 경외할 사람이 없습니다"라고 말하는 것입니다. 이것이 사탄만의 오해일까요? 지금도 많은 사람들이 그런 사고방식을 가지고 있습니다. 어쨌든 이것이 첫 번째 오해입니다. 이것은 오해라고 불러도 되고 도전이라고 불러도 됩니다.

두 번째 오해는 친구들의 오해입니다. 친구들은 "욥이 고난받는 것은 욥의 죄 때문이다. 그러므로 욥이 회개하면 회복될 것이다"라고 말했습니다. 이것은 하나님의 사랑과 복은 물질적, 외적 번영으로 나타난다고 믿는 사고방식입니다. 다시 말하면 물질적으로 가난해지고, 육체적으로 병들고, 외적으로 쇠퇴하면, 하나님의 사랑과 복을 받고 있지 않는 것이라고 생각한다는 이야기입니다. 이것은 전형적인 기복주의적 사고방식입니다. 이것이 친구들의 오해입니다. 친구들의 오해는 인과응보적인 사고방식이기도 합니다. 그러나 그런 식으로 생각하면 이 세상에서 잘 나가는 사람들은 모두 정당하고 착하고 의로운 것이고, 이 세상에서 잘 나가지 못하는 사람들은 모두 죄인이고 무언가 문제가 있는 사람이 되는 것입니다.

이처럼 바깥에서 보는 관점에서는 일단 우리는 이 두 가지 오해에 접하게 됩니다. 그 중에서 오늘 남은 시간에는 사탄의 오해에 대해서 생각해 보겠습니다. 여러분, 지금까지의 이야기를 잘 따라 오셨습니까? 지금까지의 서론이 중요합니다. 이 서론을 잘 알아야 자세하게 들어갈 때 이해할 수 있습니다.

사탄의 오해

여러분, 천상의 장면, 하나님과 사탄 사이에 오고간 대화를 우리가 어떻게 압니까? 우리는 바깥에 있으니까 압니다. 우리는 무대 밖에서 무대에서 벌어지고 있는 공연을 보니까 이 사실을 압니다. 그러나 실제로 지금 우리는 어디에 있습니까? 우리는 밖에서 살고 있습니까? 안에서 살고 있습니까? 우리는 지금 안에서 삽니다. 우리 모두가 살고 있는 삶은 삶 안에 있기 때문에 우리는 천상에서 우리에 대해서 무슨 이야기가 오고 가는지를 모릅니다. 하지만 욥의 경우에는 우리에게 보여 주셨습니다. 욥이라는 하나의 테스트 케이스에 있어서는 우리가 천상의 장면을 보았습니다.

　우리는 이 세상에서 일어나고 있는 여러 가지 일중에 악들, 고통의 문제, 고난의 문제 같은 것들에 대해서 종종 하나님을 원망합니다. 하나님께서 허락하시지 않으면 일어날 수 있는 일은 없습니다. 예수님께서는 참새 한 마리도 하나님의 허락 없이는 땅에 떨어질 수 없다고 하셨습니다. 그래서 이 세상에서 일어나는 악과 고통까지도 하나님께서 허락하셔야만 일어난다고 할 수 있지만, 하나님께서 악의 근원이라고 할 수는 없습니다. 악의 근원은 사탄입니다. 우리는 보지 못하기 때문에 모르고 있지만, 이 세상에서 일어나고 있는 많은 일들이 천상에서 일어나는 영적대결의 결과로 나타나는 일이라는 것을 여러분은 아셔야 합니다. 그래서 어떤 이유에서인지 우리는 알 수 없지만 하나님께서 허락하셨습니다. 그러나 하나님께서는 허락하셨지, 그것을 의도하지는 않으셨습니다. 그 일을 꾸미고 계획하고 실행하고 일으킨 장본인은 사탄입니다.

우리는 사탄의 존재를 확실하게 이해하고 확실하게 믿어야 합니다. 물론 조금 전에 말씀 드린 것처럼 사탄은 하나님과 대등한 적이 아닙니다. 하나님께서 허락하시는 범위 안에서만 활동할 수 있습니다.

사탄은 성경에 의하면 천사장 루시퍼라고 되어 있습니다. 하나님께서 지으신 피조물 중에 가장 아름다운 피조물이었습니다. 이 천사장 루시퍼가 자신이 영광스러운 존재이고 아름다운 존재이다 보니까 교만해져서 하나님의 영광을 가로채고자 했습니다. 그래서 하나님께서 루시퍼를 심판하시고 하늘에서 쫓아 내셨습니다. 그런 이야기들이 에스겔 28장에 나옵니다. 사탄은 하나님의 영광을 질투하고, 하나님의 영광을 가로채고 싶어 하지만, 사탄에게는 그럴 능력이 없습니다. 그래서 하나님께 패하고 쫓겨났습니다.

쫓겨난 사탄은 하나님께 직접 대적할 수는 없습니다. 그래서 인간을 공격하는 것으로 하나님께 대적하려고 합니다. 인간을 자기 수하에 넣어 자기 마음대로 부리고 조정함으로 하나님에 대한 반역을 꾀하는 것입니다. 이런 우주적인 드라마, 천상의 드라마가 있다는 것을 우리는 기억해야 합니다. 나중에 고난의 문제에 대해서 이야기할 때 악에 대해서 조금 더 이야기하겠지만, 결국 고난과 악에 대해서 우리는 다 알 수 없습니다. 왜냐하면 인간 사이에서 시작된 문제가 아니기 때문입니다. 천상에서 시작된 문제이고, 하나님과 사탄 사이에 있었던 어떤 일이기 때문입니다.

사탄이 인간을 공격해온 최초의 장면을 아십니까? 선악과입니다. 사탄이 선악과를 따 먹으라고 유혹할 때 했던 말을 기억하십니까? 사탄은 선악과를 따 먹으면 "네 눈이 밝아져서 네가 하나님처럼 되어서 선과 악을 알 것이다"라고 말했습니다. 다시 말하면 하나님처럼 되라고 하는 것입니다. 사탄은 사탄 자신의 욕심이 하나님처럼 되는 것이었기 때문에, 자기가 그렇게 될 수 없었기 때문에, 이제 인간을 충동해서 하나님처럼 되라고 유혹하는 것입니다.

여러분, 사탄은 인간을 공격해 옵니다. 이 공격은 굉장히 다양합니다. 저는 이 내용을 가지고 집회를 준비할 때 배가 너무나 아프고 속이 뒤틀리는 경험을 했는데 그것은 사탄의 공격이었다고 생각합니다. 이런 집회를 하다 보면 사탄의 공격이 많습니다. 평소에 있지 않은 일들이 일어나고, 가지 못할 상황이 되기도 합니다. 사탄은 공격해 옵니다. 사탄이 인간을 공격하는 초점은 하나님과의 관계를 끊어 버리고, 멀어지게 하고 우리 믿음을 파괴하려고 하는 것이 목적입니다. 그동안 사탄이 인간을 공격해 온 방법을 세 가지 정도로 요약할 수 있습니다.

사탄이 인간을 공격하는 방법

첫 번째는 핍박입니다. 교회 역사에는 순교자들이 많았습니다. 핍박이 많았습니다. 그런데 사탄이 쓰는 핍박, 즉 우리에게 육체적인 고난을 주는 공격이 별로 효과가 없다는 것이 드러났습니다. 터툴리안(Tertulian)이라는 교부는 "순교자들의 피는 교회의 씨앗이다"라는 말을 했습니다. 핍박이 심해지면 심해질수록 기독교는 없어지는 것이 아니라, 그 신앙이 더 깊어지고, 뿌리가 더 깊이 내려지고, 곳곳에서 진짜 신앙인들이 일어났습니다. 그래서 핍박은 지금도 사탄이 전 세계 많은 곳에서 믿는 자들을 공격하는데 사용하는 방법이지만 그다지 유효한 전략은 아닙니다.

사탄이 사용하는 두 번째 방법은 유혹입니다. 때려서 안되면 어르는 것과 같습니다. 그래서 당근을 줍니다. 온갖 좋은 것으로 유혹합니다. 기독교 역사를 보면 처음 삼백년 동안에 교회는 극심하게 핍박을 받았습니다. 그래서 생겨난 것이 카타콤(Catacomb) 교회라는 것입니다. 지하 동굴 묘지에 숨어서 예배를 드리곤 했습니다. 그러다가 로마의 콘스탄티누스(Constantinus) 황제가 주후 313년에 밀라노칙령이라는 것을 발표하며 기독교에 자유를 주었습니다. 기독교에 자유를 주는 정도가 아니라 기독교를 다른 종교보다 우대했습니다. 그래서 콘스탄티누스 대제 이후에는 숨어있던 교회가 지상으로 올라오게 되었습니다. 그리고 교회의 지도자들은 항상 순교의 위험 앞에서 전전긍긍하던 것에서 벗어나 부와 명예와 지위를 누릴 수 있게 되었습니다. 지하 동굴 묘지 교회들이 올라와서 웅장한 예배당을 건축하기 시작하고, 기독교에 속하지 않으면 출세할 수 없는 시대가 열렸습니다.

황제가 기독교인이 되니까 로마 군대의 군인들은 단체로 세례를 받았습니다. 그들이 믿는지 안 믿는지는 중요하지 않았습니다. 무조건 다 세례를 받고 공식적인 크리스천이 되었습니다. 이 두 번째 시기가 유혹의 시대입니다. 교회가 세속적으로 급속하게 타락하기 시작했습니다. 그래서 생겨난 것이 수도원 운동입니다. 교회가 타락하여 세상과 짝 짓고, 세상을 따라가는 모습에 염증을 느낀 지도자들이 사막으로, 광야로, 외딴 곳으로 가서 세상과의 관계를 끊고 기도에 전념하기 위해서 일으킨 운동이 수도원 운동이었습니다. 핍박 아니면 유혹, 이 두 가지는 지금도 사탄이 번갈아가면서 사용하는 전략입니다. 지금 현대를 사는 우리들에게는 핍박은 거의 없습니다. 우리에게 사용하는 것은 유혹입니다. 너무나 세속적인 물결이 교회 안에까지 마구 들어와 있습니다.

세 번째 전략이 있습니다. 세 번째 전략이 제일 무서운 것입니다. 세 번째 전략은 핍박도 유혹도 아니고, 미혹입니다. 속이는 것입니다. 복음을 왜곡하는 것입니다. 우리의 신앙을 희석시키고, 우리가 믿는 믿음의 내용을 변질시키는 것입니다. 여러분, 이것이 왜 제일 위험한 사탄의 공격일까요? 핍박은 열심히 믿고자 하는 자들을 더욱 굳세게 만듭니다. 그래서 바른 신앙을 추구하는 사람들을 더 강건하게 만드는 것이 핍박입니다. 열심히 믿고자하는 사람들은 유혹에 잘 넘어가지 않습니다. 수도원으로 가던 기도에 힘쓰던, 어떻게 하던지 간에 유혹이 다가올 때는 경계하고 깨어 있으려고 합니다. 그래서 열심히 믿고자하는 사람들은 핍박도 유혹도 능히 견뎌 냅니다. 그런데 열심히 믿고자하는 사람들이 가장 넘어가기 쉬운 사탄의 전략이 미혹입니다. 속이는 것입니다. 여러분, 예수님께서 언제 재림하신다고 날짜까지 밝히며 재림하신다는 곳에 모여드는 사람들이 있습니다. 그 사람들은 열심에 있어서는 보통 신자보다 더 뜨겁습니다. 다시 말하면 목숨 걸고 잘 믿어 보겠다는 생각이 있는 사람들입니다. 이렇게 잘 믿어 보겠다는 사람을 넘어뜨리는데 제일 좋은 것이 미혹입니다. 그것은 속임수입니다.

요즘 교회들은 어떻습니까? 저는 사실 지금의 교회들을 바라볼 때 마음에 큰 염려가 있습니다. 복음이 너무 너무 왜곡됐습니다. 뒤에 다시 말씀드리겠지만 기복주의, 예수 믿으면 세상에서 성공하고 복 받고 잘 살수 있다는 사고방식, 교회는 반드시 성장해야 되고 대형교회가 될 수 있다는 사고방식, 예수 믿는 우리들은 세상에서 머리가 되고 꼬리가 되지 말아야 되고, 정계든, 재계든, 학계든, 어떤 곳이든지 우리가 나아가서 세력을 장악해야 되고, 우리가 힘을 얻어야 되고, 우리가 주도해야 된다는 승리주의, 이런 것들이 우리 교회 안에 너무 깊숙이 들어와 있고 만연해 있습니다. 그러나 이것은 복음이 아닙니다. 이것은 십자가의 길이 아니고, 바른 복음이 아닙니다. 사탄이 하나님께 도전한 "하나님께서 복주지 않으면 하나님을 경외할 사람이 아무도 없습니다"라는 것을 생각해 보십시오. 이런 사고방식이 바로 우리에게 들어와 있습니다. 많은 사람들이 이런 사고방식을 가지고 있습니다. 그래서 사람들은 마치 하나님께서 우리에게 빚진 것처럼 생각하고 있습니다.

우리가 전도하면서 만나는 사람들 중에, 그냥 "저는 안 믿어져요"라고 말하는 겸손한 사람들이 거의 없습니다. "당신 말은 참 좋은데, 나도 믿고 싶은데, 왠지 잘 안 믿어져요"라고 반응하는 전도대상자들은 거의 없습니다. 대부분은 공격적으로 반응합니다. "정말 하나님이 살아 계신다면 이러이러해야 하지 않습니까"라고 우리에게 되묻습니다. 하나님께서 살아 계신다면 이러이러해야한다는 말은 하나님이 기준이 아니고 자신이 기준이 되어 있다는 의미입니다. 그래서 자신의 요구에 응해 주셔야만 하는 하나님인 것입니다. "하나님께서 살아 계신다면 왜 쓰나미가 일어납니까?" "하나님께서 살아 계신다면 왜 히틀러와 아우슈비츠가 있습니까?" "하나님께서 살아 계시다면 날 때부터 병을 안고 태어나는 아이들처럼 억울한 사람들이 왜 있습니까?" "하나님께서 정말 살아 계시다면 지옥이 있을 수 있습니까? 어떻게 사랑의 하나님이 인간을 지옥에 보낼 수 있습니까?" 그래서 자신은 믿지 않는다고 말합니다.

이렇게 하나님에 대해서 자기들의 생각을 기준으로 삼아 하나님께서 자기 생각의 틀에 맞추어야 한다는 생각, 하나님은 이러이러해야 한다는 주장, 이런 것이 사탄적 사고방식입니다. 하나님을 왜곡하고, 하나님을 오해하고, 하나님을 그릇되게 생각하는 것입니다. 거기에 대해서 하나님께서 요구하시는 것은 "하나님이 하나님이시기 때문에 경외하겠느냐" 하는 것입니다. 하나님께서 자기에게 무엇을 베풀어 주시고, 요구를 들어 주시고, 생각과 기준을 맞추어 주실 때, 그러면 하나님을 섬기거나 믿거나 교회에 나가주는 것이 아닙니다. 하나님이 하나님이시기 때문에 그 분을 경외하는 것입니다.

하나님과 사탄의 내기

사탄의 도전을 받은 하나님께서는 딜레마에 빠지셨습니다. 제가 하나님의 입장에 있을 수는 없지만, 잠시 가정을 해 본다면 사탄의 그 공격은 하나님께서 피하시기 어렵습니다. 그렇지 않습니까? 하나님께서 "이렇게 진실하게 믿는 사람이 있다"라고 욥을 자랑하셨습니다. 이 말씀은 사탄에 대한 꾸중일 것입니다. 말하자면 하나님께서 "너는 나를 대적하고, 너는 나에게 불순종하고, 너는 나에게 반역했지만, 여기 욥이라는 인간을 보아라. 이처럼 순전하고 정직하여 하나님을 경외하고 악에서 떠난 사람이 없다"라고 하셨던 것입니다. 그러자 사탄은 "천만에요. 그것은 오해입니다. 욥이 하나님을 중심에서부터 경외하고 사랑하는 줄 아십니까? 하나님께서 복 주셨으니까 그런 겁니다"라고 되받았습니다. 이 말을 들으셨을 때, 하나님께서는 피하실 수가 없으셨습니다. 그래서 내기가 벌어진 것입니다.

하나님과 사탄 사이에 내기가 벌어졌습니다. 그런데 이 내기에는 조건이 있었습니다. 하나님께서 욥에게 귀띔할 수 없다는 것입니다. 하나님께서 욥에게 귀띔한다고 생각해 보십시오. 하나님께서 "욥아! 지금 내가 사탄하고 이런 일이 벌어졌는데, 네가 꾹 참고 끝까지 견뎌라. 너는 나를 오해하지 말고 섭섭해 하지 마라. 너는 내가 잠시 눈을 가리는 것 같아도 그럴만한 사정이 있다"라고 말씀하시면 반칙입니다. 하나님께서 귀띔하시면 누가 욥이 했던 것처럼 못합니까? 저라도 할 수 있을 것 같습니다. 제가 아무리 힘들어도 하나님께서 속사정을 이야기하면서 "내가 너에게 나의 명예를 걸고 있다. 네가 끝까지 견뎌주면 정말 고맙겠다"라고 하시면 저는 "하나님, 불속에 들어가서라도 복음을 전하겠습니다"라고 하지 않겠습니까? 그렇지만 하나님께서 말씀하시면 반칙입니다. 말씀하시면 안 됩니다. 하나님께서는 아무 말씀도 하실 수 없습니다. 그래서 하나님께서 침묵하시는 것입니다. 하나님께서 말씀하시면 사탄에게 지는 것입니다. 왜냐하면 사탄이 "하나님께서 다 가르쳐 주시면 누가 하나님을 경외하지 않습니까"라고 다시 딴지를 걸고 나올 것입니다.

하나님과 사탄 사이에 내기가 벌어졌습니다. 사탄이 하나님께 던진 도전은 "하나님께서 복주시지 않으면 아무도 하나님을 경외하지 않습니다"하는 것이고, 그것에 대한 하나님의 답변은 "내가 복을 주지 않아도, 심지어는 내가 재앙을 내려도, 내가 하나님이라는 사실 하나 때문에 나를 경외하는 사람이 있다"라는 것입니다. 저는 눈물겹습니다. 하나님께서 당신의 명예를 우리 하찮은 인간에게 거시는 심정을 여러분은 생각해 보셨습니까? 하나님께서 하나님이시기 때문에 존중받아야 되는 것 아닙니까? 하나님께서 하나님이시기 때문에 경외받고, 경배 받아야하는 것 아닙니까? 만약에 그렇게 하나님을 대하는 사람이 구름떼처럼 많다면, 욥 한 사람이 아니고 너무나 많아서 사탄이 부끄러워서 얼굴을 가리고 아무 말도 할 수 없게 된다면... 이런 통분한 마음이 여러분 속에 없습니까? "하나님께서 하나님이시기 때문에 나는 누가 무어라 해도, 나에게 어떤 일이 닥쳐도, 나는 하나님을 경배하겠습니다. 하나님 당신은 찬양받으시기에 합당하신 분이십니다. 하나님은 하나님이십니다"라고 고백하는 사람을 하나님께서는 기다리셨습니다. 우리가 불렀던 찬송처럼 "주님의 높고 위대하심을 내 영혼이 찬양하네"라고 하는 사람이 나오기를 하나님께서는 기다리셨습니다. 욥이 그 대상이 된 것입니다.

여러분, 우리들의 고난의 이면에 이와 똑같은 대화가 오고 갔는지, 우리를 놓고 하나님과 사탄 사이에 대화가 오고 갔는지, 저는 알 수 없습니다. 그러나 넓게 보면 마찬가지입니다. 우리에게 닥치는 모든 악은 하나님께서 허락하셨지만 결국은 사탄이 가져오는 것입니다. 사탄이 우리에게 악을 가져올 때, 하나님께서 우리에게 원하시는 것은 "그럼에도 불구하고 나의 선함을 믿어라. 그럼에도 불구하고 내가 너와 함께함을 믿어라. 그럼에도 불구하고 내가 너를 사랑함을 믿어라"라는 것입니다. 그 마음을 우리는 헤아릴 수 있어야 합니다.

여러분, 만일 욥이 실패했다면 이라는 생각을 해보셨습니까? 욥은 두 라운드를 뛰었고 둘 다 이겼습니다. 이기고 나서 욥이 조금 헤매긴 했지만, 어쨌든 욥이 처음에 "주신 자도 여호와시요, 취하신 자도 여호와시니 여호와의 이름이 영광 받을지어다"라는 고백을 합니다. 얼마나 아름다운 신앙고백입니까? 여러분도 이렇게 고백할 수 있습니까? 하나님께서 주실 때는 너무 좋습니다. 그러나 하나님께서 취해가실 때는 "안 됩니다"입니다. 어느새 우리 것이 되어버렸습니다. 하나님께서 주신 것인데 원래부터 우리 것이라고 생각합니다. "하나님, 어떻게 뺏어 가실 수가 있습니까"라고 불평합니다. 그러나 욥은 "하나님께서 주셨습니다. 그러니까 하나님께서 가져가실 수 있습니다"라고 말했습니다. 이 정도 신앙의 단계도 매우 고상하고 높은 것이지만 그래도 있을 수 있다고 생각합니다. 세상에도 그와 비슷한 말이 있지 않습니까? '공수래(空手來) 공수거(空手去)' 믿지 않는 사람들도, 하나님을 모르고 예수님을 모르는 사람들도 "빈손으로 왔다 빈손으로 가는 인생"이라고 하면서 물질에 대한 탐욕을 끊으려는 태도가 있습니다.

그러나 두 번째는 다릅니다. 여러분은 욥이 했던 "하나님께서 우리에게 복을 주셨으니, 우리가 하나님께 재앙도 받아야 될 것이 아니겠는가"라는 고백으로 나아갈 수 있겠습니까? 저는 나아갈 수 없습니다. 솔직히 고백하건대 "하나님, 복은 안 주셔도 되니까, 재앙은 주시지 마십시오"라는 것이 제 마음입니다. 그러나 욥의 고백은 철저히 하나님을 인정하는 것이었습니다. 욥의 고백은 "하나님, 당신은 하나님이십니다. 그러므로 당신이 하시는 모든 일은 의롭고 정당합니다. 당신은 그렇게 행하실 수 있는 권한을 가지고 계십니다"라는 의미였습니다. 철저히 하나님을 인정하는 태도였습니다.

그런데 욥이 실패했다면, 욥이 "앗, 뜨거라!"하며 하나님을 원망하고 불평하면서 "하나님, 정말 이러시깁니까? 정말 그러면 나 하나님 안 섬겨요. 나 관둬요. 나 지금까지 열심히 믿고자 했는데 이러신다면 저도 끝입니다"라고 했다면, 어떻게 되었을까요? 만약에 욥이 실패했다면 이 세상에 성공할 수 있는 다른 사람이 있을까요? 그런 생각을 해보셨습니까? 하나님께서 저를 택하셔서 "네가 한 번 해 볼래"라고 물으신다면, 저의 대답은 "안 됩니다"입니다. "저는 애초에 순전하고 정직하여 하나님을 경외하고 악에서 떠난 사람이 아닙니다. 저는 순전하지도 않고, 정직하지도 않고, 하나님을 제대로 경외하지도 않고, 악을 즐기는 사람입니다. 그러니 저는 안 됩니다." 그러

면 어느 누가 하겠습니까? 그래서 욥이 실패했다면 하는 이 가
정(假定)이 심각한 것입니다.

욥의 고난과 예수님의 고난

욥기 전체의 주인공은 어떤 의미에서 욥이 아닐 수 있습니
다. 욥이 중요한 것이 아니라 하나님이 중요한 것입니다. 욥기
에서 가장 큰 문제로 다루고 있는 것은 욥이 어려움을 겪었다
는 것이 아닙니다. 욥이 고난을 겪었다는 것보다 하나님의 명
예가 걸려 있다, 하나님께서 하나님 되심을 인정받지 못하고
계시다는 것이 보다 크고 중요한 문제입니다. 이것을 보실 수
있어야 합니다. 욥기를 읽을 때 마음에 울화통이 터져야 됩니
다. "아니, 사탄이 이런 말을 할 수 있나, 이렇게 건방진 놈이
있나, 이렇게 말도 안 되는 말을 하는 놈이 있나, 하나님 제가
그 자리에 서겠습니다." 이런 들끓는 마음이 있어야 합니다.
물론 그런 마음이 들다가도 "네가 할 수 있겠느냐"라고 하면
우리는 꽁무니를 뺄 것입니다.

여기 한 사람이 있습니다. 욥이 못하더라도 할 수 있는 한
사람이 있습니다. 여러분이 잘 아시는 우리 주님이십니다. 예
수님이십니다. 예수님은 하늘 보좌에 앉으셨던 분입니다. 그

분이 모든 영광을 다 내려놓고, 자기를 비워(empty Himself) 종의 형체를 가지고, 사람의 모양으로 내려오셨습니다. 이 장면은 "주신 자도 하나님이시니 취하시는 자도 하나님이시라"는 욥의 고백과 같은 것입니다. 예수님은 사실 하나님으로부터 받은 분도 아닙니다. 예수님께서 하나님이시므로 원래부터 자기 것입니다. 그런데도 아버지의 뜻에 순종해서 다 내려놓으셨습니다. 여러분, 우리가 조금 잘 살다가 망하게 되는 것, 우리가 재산이 조금 있다가 거덜 나는 것과 하나님의 아들이신 예수님께서 하늘의 영광을 다 내려놓고 이 세상에 오신 것은 비교할 수 없습니다. 예수님은 그렇게 하셨습니다.

그리고 예수님은 욥이 "우리가 하나님으로부터 복도 받으니 재앙도 받지 않겠느냐"라고 한 말을 십자가로 실천하셨습니다. 욥은 가만히 있으면서 수동적으로 재앙을 맞았습니다. 그러나 예수님은 적극적으로 십자가를 향해 나아갔습니다. 하나님으로부터 버림받고, 친구들로부터 배신당하고, 모든 사람의 경멸과 조롱 속에서, 예수님은 육체가 찢기는 아픔을 겪으시면서 운명하셨습니다. 예수님의 고난의 가장 핵심은 "엘리 엘리 라마 사박다니", 하나님으로부터 버림받은 것이었다고 여러분에게 말씀드린 적이 있습니다. 이처럼 욥이 실패해도 예수님께서 계십니다. 예수님께서 하나님이 어떤 분이신지를 보여주셨습니다. 예수님께서는 '하나님께서는 하나님이시므로 경배 받으셔야 한다. 하나님께서는 하나님이시기 때문에 경외 받아야 한다'는 것을 보여주셨습니다.

욥기는 예수님 외에 또 한 사람, 욥이라는 인물이 있었다고 말합니다. 그러나 욥은 예수님과 다릅니다. 욥은 완전한 사람이 아니기 때문입니다. 그래서 욥은 하나님과 사탄 사이의 내기에서 하나님께 승리를 안겨다 드렸지만, 하나님께서 원하시는 수준에는 훨씬 못 미치는 인물이었습니다. 우리가 그 욥에 대해서 앞으로 더 생각해 볼 것입니다. 1강에서는 욥기의 서론을 다루었고, 사탄의 오해 또는 사탄의 도전을 다루었습니다. 지금도 이와 같은 사탄의 공격이 우리에게 임하고 있습니다. 우리는 "너는 하나님을 믿을래? 왜 믿을래? 어째서 믿을래? 하나님 믿으면 복 받게 되어 있어. 하나님 믿으면 모든 것이 잘 될 거야. 세계 역사를 봐. 기독교가 들어간 나라들은 다 잘살게 되었지"라는 식으로 접근하실 겁니까? 물론 이런 것들이 뒤따라옵니다. 하나님께서 모든 것을 풍성히 베풀어 주십니다. 그러나 우리는 "그것 때문이 아니고 하나님이 하나님이시기 때문에 내가 믿고 경배하겠습니다"라고 대답할 수 있어야 하겠습니다.

　여러분, 이제 한 가지 질문을 드리도록 하겠습니다. 이 사탄의 도전, 하나님도 피하실 수 없고, 하나님도 받아들이셔야 했던, 이 사탄의 도전이 오늘 우리에게도 여전히 존재합니다. "나는 왜 하나님을 믿는가? 하나님께서 복 주시기 때문에 믿는가? 아니면 하나님께서 하나님이시기 때문에 그 분을 경배하는가"라는 질문에 여러분은 어떤 반응을 보이겠습니까? 여러분이 욥의 입장에 있다면 어떻게 대답하겠습니까? 이 질문을 여러분에게 숙제로 드립니다. 진지하게 한번 생각해 보시고 이 질문에 답하실 수 있기를 바랍니다.

고난과 복에 대한 오해

"그 때에 욥의 친구 세 사람이 이 모든 재앙이 그에게 내렸다 함을 듣고 각각 자기 지역에서부터 이르렀으니 곧 데만 사람 엘리바스와 수아 사람 빌닷과 나아마 사람 소발이라 그들이 욥을 위문하고 위로하려 하여 서로 약속하고 오더니, 눈을 들어 멀리 보매 그가 욥인 줄 알기 어렵게 되었으므로 그들이 일제히 소리 질러 울며 각각 자기의 겉옷을 찢고 하늘을 향하여 티끌을 날려 자기 머리에 뿌리고, 밤낮 칠 일 동안 그와 함께 땅에 앉았으나 욥의 고통이 심함을 보므로 그에게 한마디도 말하는 자가 없었더라"(욥기 2장 11~13절, 개역개정).

1장에서 욥기의 가장 큰 주제는 믿음이라고 말씀드렸습니다. 우리가 욥기를 차례대로 살펴보면서 계속 머리에 두어야 할 주제는 바른 믿음, 참된 믿음, 성경적인 믿음은 무엇인가 하는 것입니다. 1장에서 우리는 믿음에 대해서 아주 중요한 교훈을 하나 배웠습니다. '믿음은 하나님이 하나님이시기 때문에 그 분을 경배하고 섬기는 것이다'입니다. 하나님이 우리 마음에 드는 어떤 일을 해 주셨기 때문에, 하나님이 우리가 생각하는 기준이나 조건에 부합하기 때문에, 하나님을 믿고 경배하는 것이 아니고, 하나님이 하나님이시기 때문에 그 분을 경배하고 찬양하는 것이 바른 믿음이라는 것을 지난 장에서 배웠습니다.

친구들의 오해

1장에서는 사탄의 오해를 생각해 보았고, 2장에서는 친구들의 오해를 생각해 보려고 합니다. 욥의 세 친구인 데만 사람 엘리바스, 수아 사람 빌닷, 나아마 사람 소발이 욥이 곤경을 당하였다는 말을 듣고 멀리서부터 찾아왔습니다. 이들이 함께 욥을 찾아와서는 욥의 고난이 아주 심한 것을 보고 욥과 함께 재 가운데 앉아서 칠일 칠야를 아무 말도 하지 않고 탄식했습니다. 탄식하고 슬퍼했습니다. 그런 후에 욥과 세 친구가 대화를 시작합니다.

이 세 친구는 어떤 사람들일까요? 이들은 현자라고 말할 수 있습니다. 우리가 철학자라든지 신학자라든지 이렇게 부르기 보다는 현자(賢者), 지혜로운 자들이라고 부르는 것이 더 나을 것입니다. 이들은 삶에 대한 깊은 통찰력을 가지고 있었던 사람들입니다. 사실 이들은 욥의 친구였던 만큼 욥에 버금가는, 욥과 비견할 수 있는, 위대한 인물들이었습니다. 욥과 함께 인생을 논할 수 있었고, 욥과 함께 하나님에 대해 토론할 수 있었던 식자(識者)들이었고 뛰어난 사람들이었습니다. 그래서 우리가 욥의 친구들을 과소평가해서는 안되겠습니다. 물론 욥이 동방에서 가장 큰 자였다고 성경이 말하기 때문에 욥보다 더 뛰어난 사람들은 아닐 것이라고 생각되지만 욥에 못지 않은 대단한 현자들이요, 식자들이요, 인품이 뛰어난 사람들이었습니다.

그리고 욥을 찾아온 이들의 태도는 참으로 진정성 있는, 진실한 것이었다는 것입니다. 이들은 욥을 괴롭힐 마음으로 찾아온 것도 아니고, 고난을 당하는 욥에게 자신들의 우월감을 표출하기 위해서 온 것도 아닙니다. 정말로 욥을 위로하기 위해서 왔고, 욥을 진심으로 동정했던 사람들입니다. 욥과 함께 칠일 칠야를 그 옆에 앉아서 함께 깊이 탄식하고 슬퍼했던 사람들입니다. 제가 이 세 사람에 대해서 좋은 이야기로 시작하는 것은 우리가 이미 결론을 알고 있기 때문입니다. 이 세 사람의 말은 틀렸다는 것을 알고 있기 때문에, 처음부터 이들을 낮게 보고 무조건 말도 안 되는 말을 하는 사람들이라고 치부해 버리기 쉬운데 그래서는 안 됩니다. 우리가 이들의 이야기를 귀담아 들으면 매우 중요한 내용들이 많이 있고, 배워야 할 교훈이 있다는 것을 알고 있어야 되겠습니다.

이제 세 사람이 욥과 함께 앉아서 대화를 시작합니다. 먼저 이야기를 꺼낸 사람은 욥이었습니다. 욥이 3장에서 자기가 태어난 날을 저주하기 시작합니다. "왜 나는 태어났던가, 남아를 배었다고 하던 그 날, 그 날이 캄캄했더라면, 그 날이 망하였더라면." 그러면서 "하나님께서 나를 왜 이 세상에 태어나게 하셨는가, 나는 차라리 태어나지 않았거나 죽은 자 편에 있는 것이 더 나을 것"하고 말합니다. 욥에게는 죽음이 삶보다 훨씬 더 낫게 보여 진 것입니다. 삶이 너무 고달프고 삶이 너무 힘드니까 죽는 편이 났다고 생각하면서 탄식했던 것입니다.

그런데 이 말은 우회적이고 간접적이긴 하지만 하나님을 원망하는 것입니다. "하나님 왜 나를 이 세상에 태어나게 하셨습니까? 왜 나에게 이런 고달픈 인생을 주십니까"라는 뜻입니다. 그러니까 욥이, 다음 메시지인 세 번째 메시지에서 다룰 내용이지만, 하나님을 향하여 불평하지 않았다고 했던 것과는 달리 불평을 합니다. 불평하고 원망하고 심지어는 하나님께 막 따지고 대듭니다. 그런 내용이 앞으로 계속 나올 것입니다. 그런데도 하나님께서 욥의 말을 친구들의 말보다 더 의롭다고 하십니다. 그 이유를 우리가 또 살펴 볼 것입니다.

아무튼 이렇게 욥이 자기 생일을 저주하며 "왜 나는 태어났던가, 차라리 태어나지 않았으면 더 좋았을 것을"하고 탄식하자, 욥의 세 친구가 입을 열어서 욥에게 반박하기 시작합니다. 먼저 데만 사람 엘리바스가 말하기 시작합니다. 그 말에 대해서 욥이 대꾸하고, 이번에는 수아 사람 빌닷이 욥을 책망하고, 그 말에 욥이 대답하고, 그 다음에 나아마 사람 소발, 이런 식으로 세 친구가 돌아가면서 이야기 합니다. 제가 앞에서 현자라고 말씀드렸던 이 세 친구는 모두 뛰어난 신학자라고도 말할 수 있습니다. 지금 욥의 곤경에 대해서 자기들 나름대로 해답을 주고 있습니다. 그런데 그 해답은 차이가 없습니다. 엘리바스든, 빌닷이든, 소발이든 모두 같은 이야기를 합니다. 그런데 이들이 말하는 이야기의 근거는 무엇이고, 이들의 신학의 근거는 무엇인가요? 여러분, 여러분의 신앙의 근거는 무엇입니까? 여러분이 "난 이렇게 생각한다. 난 이렇게 믿는다. 내가 믿는 하나님은 이런 분이다"라고 말씀하신다면 무엇을 근거로 말씀하시는 것입니까? 우리 복음주의 신앙의 대답은 하나입니다. '성경이 그렇게 말하므로'입니다. 이렇게 정답이 있지만, 실제로 사람들과 이야기해 보면 성경이 근거가 아닌 경우가 참 많이 있습니다.

어떤 근거가 있을까요? 우선 체험이 있습니다. 자신이 체험했다는 것입니다. "내가 어느 날 잠을 자는데 어떤 꿈을 꾸었고, 그 꿈의 내용이 너무 생생해서 나는 그날 확실히 알게 되었다." 그래서 그런 체험의 결과 자신의 신앙은 이러이러한 것이라고 합니다. 물론 이렇게 말하면서 성경과도 연결시킬 것입니다. '성경에도 있지 않느냐'하면서 연결시키지만 사실은 성경이 주가 아니고, 자기 체험이 주인 경우가 있습니다. 어떤 사람들은 전통이 그 근거가 될 수 있습니다. 그래서 자기가 자라온 신앙 배경, 집안의 믿음, 교회의 믿음, 교단의 믿음 등과 같은 전통입니다. 어떤 사람들은 특별히 다른 데서 그 근거를 찾는 것이 아니라 자기 상식을 근거로 해서 믿음의 주장을 합니다. 이 세 가지 신비한 체험, 전통, 자기 상식 세 가지가 엘리바스, 빌닷, 소발의 주장의 근거입니다. 우리 한번 그 내용을 같이 볼까요?

엘리바스는 욥기 4장 12절에서 20절에 이런 말을 합니다. "무슨 말씀이 내게 가만히 임하고 내 귀에 들렸었나니, 곧 사람이 깊이 잠들 때 쯤 하여서니라. 내가 그 밤의 이상으로 하여 생각이 번거로울 때에 두려움과 떨림이 내게 이르러서 모든 골절이 흔들렸었느니라. 그 때에 영이 내 앞으로 지나매 내 몸에 털이 쭈뼛하였었느니라. 그 영이 서는데 그 형상을 분변치는 못하여도 오직 한 형상이 내 눈앞에 있었느니라. 그 때 내가 종용한 중에 목소리를 들으니 이르기를 인생이 어찌 하나님보다 의롭겠느냐. 사람이 어찌 그 창조하신 이보다 성결하겠느냐. 하나님은 그 종이라도 오히려 믿지 아니하시며 그 사자라도 미련하다 하시나니 하물며 흙집에 살며 티끌로 터를 삼고 하루살이에게라도 눌려 죽을 자이겠느냐. 조석 사이에 멸한 바 되며 영원히 망하되 생각하는 자가 없으리라. 장막 줄을 그들에게서 뽑지 아니하겠느냐. 그들이 죽나니 지혜가 없느니라." 엘리바스는 어느 날 밤에 이상을 봤습니다. 환상을 봤습니다. 밤에 한 영이 자기 앞을 지나가는데 자기 온몸의 털이 쭈뼛했다고 그럽니다. 그런데 그 영이 엘리바스에게 한 말입니다. "사람이 어찌 하나님보다 의롭겠느냐?" 이런 자기의 신비 체험을 근거로 해서 엘리바스는 자기의 주장을 합니다.

두 번째 빌닷은 전통에 근거한 주장을 합니다. 8장 8절부터 한 번 보십시오. "청컨대 너는 옛 시대 사람에게 물으며 열조의 터득한 일을 배울지어다. 우리는 어제부터 있었을 뿐이라. 지식이 망매하니 세상에 있는 날이 그림자와 같으니라. 그들이 네게 가르쳐 이르지 아니하겠느냐. 그 마음에서 나는 말을 발하지 아니하겠느냐." "열조에게 물어보라. 우리의 이전 조상들에게 물어보라"라고 빌닷은 말합니다. "우리는 태어난지 어제와 같아서 우리는 아무 것도 모른다. 그러나 우리의 조상들, 우리의 열조들, 그 분들은 오래 사신만큼 지혜가 있지 않는가, 그 분들은 경험이 풍부하지 않은가, 그러므로 우리는 그들에게 귀를 기울여야 되고 그들의 말을 들어야 된다." 이것이 빌닷의 주장의 근거입니다.

마지막, 나아마 사람 소발은 그런 것이 없습니다. 그저 자기 생각대로 자기 판단대로 자기 상식대로 말합니다. 그 내용이 20장 1절에서 3절에 나옵니다. "나아마 사람 소발이 대답하여 가로되 그러므로 내 생각이 내게 대답하니 이는 내 중심이 조급함이니라. 내가 나를 부끄럽게 하는 책망을 들었으므로 나의 슬기로운 마음이 내게 대답하는구나." "내 생각이, 나의 슬기로운 마음이." 소발 같은 사람은 다른 어떤 말이 통하지 않습니다. 왜냐하면 자기 생각이 제일 옳다고 확신하고 있기 때문입니다. 이런 것들을 근거로 해서 이들이 욥에게 충고하고 자기들의 신학적인 주장을 펼칩니다.

우리도 사실 이들과 크게 다르지 않습니다. 우리도 하나님을 믿는다고 하면서 우리도 성경을 믿는다고 하면서 우리 생각의 많은 부분이 성경에서 오지 않고 경험에서 오거나, 주변 사람에게서 들은 것에서 오거나, 아니면 우리 자신의 판단에 근거합니다.

과거 70년대, 80년대의 제 경험입니다. 그 시절에 부흥회가 참 많았습니다. 교회마다 부흥회가 많았고, 여러 부흥사들이 다니면서 가르쳤습니다. 가르쳤던 내용은 부흥사마다 다르겠지만 제가 참석해서 들었던 것 중의 많은 부분은 이런 것이었습니다. 우선 '십일조를 내면 복 받는다'는 것입니다. 특히 말라기를 인용해서 '십일조를 바치면 네 창고가 넘치도록 하

나님께서 복을 주시는지 주시지 않는지 한번 시험하여 보라'
고 합니다. 이처럼 십일조를 내면 복 받는다는 개념이 가르쳐
졌습니다. 다음은 '주의 종을 잘 섬겨라. 주의 종을 잘 섬기는
자는 언제나 형통할 수 있다'는 것도 부흥사들을 통해서 한국
교회에 많이 퍼졌습니다. 그리고 '주일에 가게를 닫으면 하나
님께서 더 많이 채워 주신다'는 가르침도 있었습니다.

그런데 이런 가르침들 중에는 항상 간증이 있습니다. '우리
교회 어떤 집사님이 과감히 주일에 문을 닫았더니 훨씬 장사
가 잘됐다'는 것입니다. 심지어는 앞당긴 십일조도 있습니다.
예를 들면, 다음 달에 오천 불이 필요해서 오백 불을 미리 십
일조 했더니 오천 불 이상을 하나님이 주셨다는 것입니다. 이
런 종류의 가르침이 간증과 더불어 막 퍼져 나갔습니다. 그런
데 이런 가르침에 감동을 받은 사람들, 이것이 옳다고 확 깨달
은 사람들의 생각을 바꾸기가 굉장히 어렵습니다. 제가 그 후
에 그런 곳에서 은혜 받은 분들과 이야기를 하는데 이것이 너
무나 확고해서 성경을 가지고 설명해도 흔들림이 없었습니다.

저는 십일조를 반대하는 사람이 아닙니다. 그러나 여러분,
구약의 말라기에서 "십일조를 바치면 네 창고가 넘치도록 복

을 주시는지 주시지 않는지 시험하여 보라"라는 말씀은 하나
님을 정말로 시험하라는 가르침이 아닙니다. 우리가 어제 저
녁에 생각했던 것처럼 하나님은 주실 수도 있고 취하실 수도
있습니다. 그러니까 우리는 십일조를 바치면 넉넉히 주실 것
이기 때문에 십일조를 바치는 것이 아닙니다. 그것은 동기가
잘못된 것입니다.

　그리고 주일에 가게를 닫으면 열 때보다 더 복을 받는 경우
는 아주 드뭅니다. 저희 집이 미국에 처음 와서 시작한 사업이
도넛 가게였습니다. 그런데 그 도넛 가게는 일주일 내내 문을
열었던 가게인데 우리가 인수한 후에 주일에 문을 닫았습니
다. 그런데 도넛가게는 주말에 매상이 많이 오릅니다. 금, 토,
일요일의 매상이 주 매상인데 주일에 문을 닫으니까 토요일에
도 매상이 떨어졌습니다. 사람들은 항상 열고 있는 가게와 안
열수도 있는 가게가 있으면 항상 열고 있는 쪽으로 더 많이 가
게 되는 것 같습니다. 그래서 우리 도넛가게는 주일에 문을 닫
고는 매상이 굉장히 줄었습니다.

　여러분, 주일에 우리가 문을 닫아야 되겠다고 결심하는 것
은 손해 보더라도 그렇게 해야 되기 때문에 그렇게 하는 것입

니다. 우리가 주일은 교회 가서 예배드리고, 다른 교우들과 교제하고, 하나님께서 우리에게 명하신대로 쉼을 얻을 수 있는 그런 날이 되도록 우리가 결심하는 것입니다. 주일에 문을 닫으면 안 닫는 것보다 더 많은 복을 준다는 것은 예외입니다. 어떤 분들은 그런 경험을 할 수도 있을 것입니다. 그러나 대부분의 사람들은 그런 경험을 하지 않습니다. 십일조를 내면 더 많은 복을 주셔야 되고, 주일에 문을 닫으면 안 닫는 때보다 더 많은 손님을 보내 주셔야 된다는 생각이 우리 마음속에 꽉 박혀 있어서 우리는 항상 조건적으로 하나님을 대하려고 합니다. 항상 논리가 '우리가 주님 뜻대로 하면 더 잘된다'는 것입니다. 물론 더 잘 될 때도 있습니다. 그러나 우리의 영혼이 잘되는 것입니다. 우리의 믿음이 잘 되고, 우리의 신앙이 잘되지만, 세상에서는 많은 손해와 손실이 있을 수 있습니다. 그래도 하나님은 우리를 책임져 주십니다.

특별히 저는 목사로서 주의 종을 잘 대접하라는 낯 간지러운 말을 목사님들이 하고 다니는 것을 보면 참 울화통이 터집니다. 사실 저는 강사로 수련회에 와서 황송한 대접을 받았습니다. 제가 속이 안 좋다고 하니까 죽을 준비해 가지고 배달을 해 주셔서 몸 둘 바를 모르겠습니다. 어떤 목사님이 이런 말씀을 하시는 걸 제가 들었습니다. '주의 종이라'고 다시 말하면 하나님의 종이지 여러분의 종이 아니라는 것입니다. 이것은 잘못된 가르침입니다. 고린도후서 4장 5절을 보십시오. "우리를 전파하는 것이 아니라 오직 예수 그리스도의 주되신 것과 예수를 위하여 우리가 너희의 종 된 것을 전파하는 것이라." 우리가 참으로 주님을 섬기는 사람이라면 사람들의 종이 되어야 합니다. 자신이 주의 종이라고 스스로를 높이는 것은 절대 성경적이지 않습니다.

이런 잘못된 가르침들이 교회에 널리 퍼져 있습니다. 이런 가르침들이 한번 퍼져 있으면, 이런 가르침들이 사람들의 마음속으로 파고 들어가면, 그 다음에는 성경을 보아도 그 관점으로 보기 때문에 성경의 참된 가르침을 찾기가 참 힘듭니다. 자기가 병 고침의 체험이 있다든지 특별한 무엇을 경험했다든지 하면 그것이 주가 됩니다.

여러분, 그 모든 것은 필요합니다. 전통도 중요하고 경험도 중요하고 건전한 상식도 다 중요합니다. 그러나 그 모든 것이 성경보다 위에 있어서는 안 됩니다. 우리의 참된 믿음 참된 신앙은 항상 말씀을 근거로 해야 합니다. 그래서 성경을 읽을 때 우리가 가진 편견이나 선입견이 있을 수 있으므로 가급적이면 그런 것을 다 내려놓고 하나님이 무엇을 말씀하시는지에 귀 기울여야 하는 것입니다.

엘리바스와 빌닷과 소발의 말은 세 사람의 말이지만 공통적입니다. 대부분 비슷합니다. 이들의 말을 두 가지로 요약할 수 있습니다. 하나는 진단입니다. '욥의 문제는 무엇인가'하는 것입니다. 다른 하나는 처방입니다. '욥은 어떻게 해야 하겠는가'입니다. 제가 예를 들어 읽어 드리겠습니다.

엘리바스의 말입니다. "생각하여보라. 죄 없이 망한 자가 누구인가. 정직한 자의 끊어짐이 어디 있는가. 내가 보건대 악을 밭 갈고 독을 뿌리는 자는 그대로 거두나니 다 하나님의 입 기운에 멸망하고 그 콧김에 사라지느니라. 나 같으면 하나님께 구하고 내일을 하나님께 의탁하리라. 사람이 무엇이 관대 깨끗하겠느냐. 여인에게서 난 자가 무엇이 관대 의롭겠느냐. 사람이 어찌 하나님께 유익하게 하겠느냐. 지혜로운 자도 스스로 유익할 따름이니라. 네가 의로운들 전능자에게 무슨 기쁨이 있겠으며 네 행위가 온전한들 그에게 무슨 이익이 있겠느냐. 하나님이 너를 책망하시며 너를 심문하심이 너의 경외함을 인함이냐. 네 악이 크지 아니하냐. 네 죄악이 극하니라. 너는 하나님과 화목하고 평안 하라. 그리하면 복이 네게 임하리라. 청컨대 너는 그 입에서 교훈을 받고 그 말씀을 네 마음에 두라. 네가 만일 전능자에게로 돌아가고 또 네 장막에서 불의를 멀리 버리면 다시 흥하리라." 이것이 엘리바스의 말입니다. 요점은 이것입니다. 네가 고난을 당하는 것은 죄 때문이니 회개하고 돌이켜라. 그러면 하나님께서 회복해 주실 것이다.

이제 빌닷의 말을 들어보겠습니다. "하나님이 어찌 심판을 굽게 하시겠으며 전능하신이가 어찌 공의를 굽게 하시겠는가. 네 자녀들이 주께 득죄하였으므로 주께서 그들을 그 죄에 붙이셨나니 네가 만일 하나님을 부지런히 구하며 전능하신 이에게 빌고 또 청결하고 정직하면 결국 너를 돌아보시고 네 의로운 집으로 형통하게 하실 것이라. 하나님은 순전한 사람을 버리지 아니하시고 악한 자를 붙들어 주지 아니하신 즉, 악인의 빛은 꺼지고 그 불꽃은 빛나지 않을 것이요, 그런즉 하나님 앞에서 사람이 어찌 의롭다 하며 부녀에게서 난 자가 어찌 깨끗하다 하랴. 하나님의 눈에는 달이라도 명랑치 못하고 별도 깨끗지 못하거든 하물며 벌레인 사람, 구더기인 인생이랴."

다음은 소발입니다. "만일 네가 마음을 바로 정하고 주를 향하여 손을 들 때에 네 손에 죄악이 있거든 멀리 버리라. 불의로 네 장막에 거하지 못하게 하라. 그리하면 네가 정녕 흠 없는 얼굴을 들게 되고 굳게 서서 두려움이 없으리니 곧 네 환난을 잊을 것이라. 네가 알지 못하느냐. 예로부터 사람이 이 세상에 있어 옴으로 악인의 이기는 자랑도 잠시요 사곡한 자의 즐거움도 잠간이니라."

이들의 말은 사이클이 더해 갈수록 더욱 격해집니다. 처음에는 부드럽게 말했다가 욥이 "나는 너희들의 말에 동의할 수 없다. 나는 죄가 없다. 나는 깨끗하다. 하나님이 까닭 없이 나를 치시고 있다"라고 반발하자, 더욱 정죄하고 더욱 비난하게 됩니다. 나중에는 이 친구들이 욥을 위로하러 온 것인지, 욥을 욕하기 위해서 온 것인지 모를 정도로 통렬하게 욥을 공격합니다. "네 죄보다 하나님의 벌하심이 경하다. 너는 그보다 벌을 더 받아야 마땅하다"는 주장으로까지 나아갑니다. 그러면서 "네가 회개하면 하나님께서 회복해 주실 것이라"라고 말합니다.

그런데 우리는 정답을 이미 알고 있습니다. 정답이 무엇이냐 하면 천상의 장면에 나오는 하나님의 욥에 대한 평가입니다. 하나님은 욥을 인정하셨습니다. "네가 내 종 욥을 유의하여 보았느냐. 그처럼 순전하고 정직하여 하나님을 경외하고 악에서 떠난 자가 없느니라." 이것이 하나님의 욥에 대한 평가입니다. 그러므로 욥이 자기 죄 때문에 고난을 받는다거나, 욥이 하나님의 심판을 받고 있다는 주장은 틀린 것입니다. 마지막 42장에 가면 하나님께서 욥의 친구들에 대해서 진노하십니다. "너희들의 말, 너희들의 나에 대한 말이 욥의 말처럼 정당하지 못하다"라고 하십니다. 그러나 우리가 욥의 친구들의 말을 들어보면 굉장히 그럴듯하지 않습니까? 사실 우리가 천상의 장면인 앞부분과 에필로그에 나오는 결론을 알기 때문에 쉽게 이들이 틀렸다고 생각합니다. 그러나 앞뒤를 모른다면 즉, 천상을 모르고 결론을 모른다면 어떨까요? 우리들이 살아가는 인생은 어떠합니까? 우리들은 지금 양쪽을 모르는 것입니다. 우리들의 삶의 현실 안에서는 천상의 장면도 모르고 결론도 모르는 체로 살아가는 것입니다. 그래서 믿음이 필요한 것입니다.

현실 안에서는 욥의 친구들의 말이 왜 틀렸습니까? "죄 없이 망한 자는 없다." "하나님께서 의인은 칭찬하시고 의인에게는 복주시고 악인은 멸망시키신다"는 친구들의 말은 구구절절 옳습니다. 이것이 정통 신학입니다. 그래서 우리가 욥의 친구들의 말을 듣고 이것이 전부가 아니라는 생각을 하기가 참 힘듭니다. 그러나 이것이 전부가 아닙니다. 우리가 지금까지 알고 있던 정통 신학 이것을 넘어서는 새로운 관점이 필요합니다. 이 새로운 관점은 욥의 회의에 대해서 설명할 때에 말씀드리도록 하겠습니다.

오해의 저변에 자리 잡은 그릇된 풍조 기복주의(祈福主義)

욥의 친구들의 문제는 무엇입니까? 욥의 친구들의 문제는 오해하고 있다는 것입니다. 자기들의 신학 때문에 오해하고 있다는 것입니다. 이들의 신학은 인과응보적인 신학이며, 또는 제가 아까 정통 신학이라고 말씀드렸는데 잠언의 신학을 따르고 있습니다. 맨 마지막에 지혜에 대해서 설명할 때에 그 이야기를 조금 더 하겠습니다. 잠언을 읽어 보면 엘리바스와 빌닷과 소발이 말하는 내용이 모두 그 안에 있습니다. "내가 의인의 자손이 굶주리고 방황하는 것을 본 적이 없다." "의인의 자손은 잘 된다." 이것이 잠언의 가르침입니다.

그러나 현실은 어떻습니까? 의인의 자손이 굶주립니다. 의인의 자손이 방황하고 배회하는 일이 일어납니다. 그래서 우리가 가지고 있는 정통 신학과 우리의 현실의 상황이 다릅니다. 이것을 메우는 일이 필요합니다. 왜 이런 차이가 있을까? 그래서 욥기가 나온 것이고 전도서가 나온 것입니다. 아무튼 그런 내용은 나중에 더 살펴보기로 하고 욥의 친구들의 문제가 무엇이냐 하면 그들의 신학에 어떤 한계가 있었고, 그들이 가지고 있는 사고방식으로는 다 설명할 수 없는 부분이 많이 있었다는 것입니다. 이것을 다른 말로 표현하면 기복주의의 문제입니다.

욥의 친구들은 이런 오해를 합니다. 하나님의 사랑과 복은 외적, 물질적 번영으로 나타난다는 것입니다. '하나님의 사랑과 하나님이 베푸시는 복은 외적, 물질적 번영으로 나타난다'는 것은 다시 말하면 우리가 이 세상에서 살면서 고난을 겪는 것, 즉 경제적으로 어려움을 겪고 육체의 질병을 갖게 되고, 세상일에 자꾸 실패하고 망하고 하는 것은 큰 문제가 있는 것입니다. 그것은 우리의 죄 때문이고, 우리는 하나님의 사랑과 복에서 제외된 것이라는 사고방식입니다. 이것이 기복주의입니다.

이 기복주의야말로 현대교회를 가장 괴롭히는 그릇된 풍조입니다. 여러분, '긍정의 힘'이란 책을 아시지요? 조엘 오스틴(Joel Osteen) 목사의 그 책이 베스트셀러가 되었습니다. 저는 그 책을 읽고 얼마나 화가 나는지 속에서 분노가 끓어올랐습니다. 이 책이 말하는 것은 기독교가 아니라는 생각입니다. 이것은 기복주의의 전형적인 책입니다. 그런데 한국교회에서는 그 책이 베스트셀러가 되었습니다. 여러분, 이용규 선교사의 '내려놓음'이란 책을 아십니까? 그런데 '내려놓음'도 한국교회에서는 베스트셀러가 되었습니다.

'내려놓음'과 '긍정의 힘'이라는 두 책은 절대로 함께 할 수 없는 책입니다. 한쪽은 자기부인을 말하고 있습니다. "내 모든 것을 하나님 앞에 내려놓으라. 하나님의 주권을 인정하라. 그분의 뜻을 좇는 것만이 최선의 삶의 길이다"라는 것이 '내려놓음의 메시지'입니다. '긍정의 힘'은 "하나님은 내 욕심, 내 꿈, 내 소원을 만족시켜 주시는 분이므로 긍정적인 믿음의 태도를 가지고 하나님께 구하고 복 받고 성공하고 잘 되어라"고 하는 책입니다. 저는 이 두 책을 다 좋아한다고 말하는 사람들을 많이 만났습니다. 저는 기가 찰 노릇이었습니다. 둘 중의 하나를 좋아해야지 어떻게 둘 다 좋아할 수 있습니까? 그만큼 영적 분별력이 없는 것입니다. 무엇이 무엇인지를 전혀 모르는 것입니다. 우리들 신앙 사고방식 중에 얼마나 이 기복주의, 승리주의가 깊게 파고 들어와 헷갈리게 하고 있는지 모를 지경입니다. 이 기복주의가 욥의 친구들의 오해입니다.

기복주의는 그 뿌리가 굉장히 깊습니다. 구약성경으로 거슬러 올라가면 바알(Baal) 숭배가 바로 이 기복주의입니다. 여러분, 바알숭배를 아십니까? 바알이라는 우상을 아십니까? 바알은 풍요의 신(fertility god)입니다. 무슨 말이냐 하면 바알을 섬기면 바알이 농사가 풍작이 되게 하여 주고, 가축을 키우면 가축들이 새끼를 많이 낳게 해 주고, 결혼하면 자손이 많게 해 주는 생식(fertility)의 신이라는 것입니다. 바알을 섬기면 바알이 우리에게 물질적인 복을 주고, 건강도 주고 생명도 주고 다 준다고 하는 것이 바알숭배였습니다.

여러분, 하나님을 섬기는 야훼 신앙과 바알을 섬기는 바알숭배 둘 사이에서 이스라엘 백성들은 왔다 갔다 했습니다. 그래서 선지자들은 이스라엘 백성을 끊임없이 경고하고 책망하고 바알에게서 돌이켜 여호와만을 섬기라고 그렇게 외쳤던 것입니다. 그런데 우리는 궁금한 것이 있습니다. 왜 이스라엘 백성은 바알 숭배에 그처럼 계속해서 끌려갔을까요.

여러분, 바알 숭배는 우리 육신이 원하는 것을 다 약속합니다. 바알은 우리가 원하는 것을 다 주겠다고 약속합니다. 바알은 세상입니다. 육신의 정욕, 안목의 정욕, 이생의 자랑을 만족시켜 주겠다는 세상입니다.

이 바알 숭배는 지금 우리에게도 여전히 있습니다. 바알이라는 이름으로 다가오지 않을 뿐이지 세상이라는 이름으로 성공이라는 이름으로 하나님의 축복이라는 이름으로 계속해서 우리를 유혹하고 있는 것입니다. 그만큼 이것이 뿌리 깊고 끈질기고 집요한 유혹이 되고 있는 것입니다.

교회에 만연된 탐심의 문제

그런데 주님의 말씀을 들어 보십시오. 주님은 "삼가 탐심을 물리치라. 삼가 모든 탐심을 물리치라. 사람의 생명이 소유의 넉넉한데 있지 아니하다"라고 말씀하셨습니다. 이 배경이 무엇인지 아십니까?

어떤 사람이 예수님께 찾아 왔습니다. "주님, 저희 형에게 말해서 아버지의 재산을 공평하게 분배하라고 말씀해 주십시오." 아마 그 형이 아버지의 유산을 다 차지했던 것 같습니다. 여러분 같으면 그 이야기를 들을 때 어떻게 반응하시겠습니까?

만약에 어떤 교우가 목사인 저에게 와서 "목사님, 우리 형이 교회에서 장로입니다. 저는 집사고요. 장로라는 형이 아버지의 유산을 다 빼돌렸습니다. 혼자서 다 먹으려고 합니다. 목사님 좀 말씀해 주세요." 만약에 저한테 이와 같이 상담하러 온다면 저는 어떻게 반응할까요? 우선 저는 같이 흥분할 것입니다. "아니 어떻게 그럴 수가, 어떻게 장로가." 그러면서 "이건 말을 해야겠다. 아무래도 목사로서 도무지 못 참겠다"라고 아마 저는 그렇게 반응했을 것입니다.

그런데 예수님은 "삼가 모든 탐심을 물리치라. 사람의 생명이 그 소유의 넉넉함에 있지 않다"라고 답변하셨습니다. 여러분, 예수님에게 그런 상담하러 가시면 안 됩니다. 그것은 야단맞는 첩경입니다. 문제는 유산을 공평하게 분배하는 것 이전에 유산에 집착하는 탐심 그 욕심 이라고 예수님이 지적하신 것입니다. 신약 성경에 오면 이 탐심을 굉장히 경계합니다. 예수님도 계속 탐심을 경계하셨고 사도 바울은 '탐심은 우상숭배'라고 까지 말했습니다.

그런데도 우리는 탐심을 경계하는 것이 아니라 탐심을 만족시키는 것이 좋은 신앙인 것처럼 그렇게 가르치고 있습니다. 그래서 이런 것을 우리는 주로 좋아합니다. "네 입을 크게 열라. 그러면 내가 채우리라." 여러분, 어느 식당이나 가게를 갈 때 그 식당이나 가게가 크리스천이 운영하는 것을 어떻게 압니까? 거기에 걸어 놓은 액자를 보고 알지요? 제일 많이 붙어있는 것이 무엇입니까? "네 시작은 미약하였으나 네 나중은 심히 창대하리라." 이것은 바로 빌닷이 한 말입니다. 틀린 말입니다.

빌닷이 욥을 위로하기 위해서 "네가 회개하고 돌이키면 네 시작은 미약하였으나 네 나중은 심히 창대하리라." 모르니까 앞과 뒤는 다 떼어 버리고 그 말이 너무 좋은 것입니다. "네 나중이 심히 창대하리라." 우리는 끊임없이 창대해지고 싶어 합니다. 끊임없이 성공하고 싶어 합니다.

우리가 흔히 오해하는 성경 구절이 또 하나 있습니다. "여호와께서 너로 머리가 되고 꼬리가 되지 않게 하시며." 많은 목사님들이 이 말로 기도해 주십니다. "이 아이가 머리가 되고 꼬리가 되지 않게 해 주십시오." 이것은 신명기 28장에 나오는 말씀입니다. 신명기 28장은 신명기 앞에 나오는 모든 율법의 결론 부분입니다. 그래서 이렇게 시작합니다. "네가 이 모든 율법과 계명을 지키면 복을 받을 것이다." 그리고 복의 내용 중에 앞의 말이 들어가 있습니다. 신명기 28장은 60여절인데 그 중에 열 네 절인가가 그러니까 5분의 1일이 복입니다. 그리고 나머지 5분의 4가 저주입니다. 율법을 지키지 않으면 어떻게 될 것인가가 5분의 4입니다. 앞에 복을 읽으며 기분이 좋다가 나중에 저주를 읽으면 정나미가 떨어집니다. 복도 싫고 저주도 싫고 다 싫어집니다. 그것입니다. 여러분. 우리가 율법을 좇아서 복 받으려고 하면, 우리는 율법을 지켜서 복을 받을 수가 없습니다.

이 말씀은 하나님께서 이스라엘 민족에게 주셨던 말씀입니다. 이스라엘 민족이 율법을 잘 지키는 거룩한 하나님의 백성이 되면 모든 이방 민족 가운데 머리가 되게 하시고 꼬리가 되지 않게 해 주시겠다는 것입니다. 그러나 실제 이스라엘 역사는 이스라엘 민족이 꼬리가 되는 역사였습니다. 결국은 주변 이방민족들에게 늘 침입을 당하고, 괴롭힘을 당하다가 강대국에게 멸망당해서 포로로 끌려가지 않습니까? 그것이 결론이었습니다.

그런데 우리는 이 말씀을 율법과도 관계없이, 민족적인 집단적인 차원과도 관계없이, 개인에게 자꾸 적용해서 '이 아이에게 머리가 되고 꼬리가 되지 않게 해 달라'고 기도합니다. 전부 머리하면 누가 꼬리 하겠습니까? 전부 대장하면 누가 부하 하겠습니까?

우리 주님은 거꾸로 가르치셨습니다. "네가 크고자 하면 남을 섬기라." 주님은 '낮아지라'고 말씀하셨습니다. 그런데도 우리는 계속 높아지게 해 달라고 합니다. 여러분 신약 성경을 읽어 보십시오. 신약 성경을 쭉 읽어 보면 지금 우리가 가지고 있는 이 기복주의를 뒤집는 가르침 투성입니다.

히브리서 13장 5절의 말씀입니다. "돈을 사랑치 말고 있는 바를 족한 줄로 알라. 그가 친히 말씀하시기를 내가 과연 너희를 버리지 아니하고 과연 너희를 떠나지 아니하리라 하셨느니라." 돈을 사랑치 말고 있는 바를 족한 줄로 알라. 돈을 사랑하면 안 됩니다. 제가 또 하나 읽어 드리겠습니다. "우리가 먹을 것과 입을 것이 있은즉 족한 줄로 알 것이니라. 부하려 하는 자들은 시험과 올무와 여러 가지 어리석고 해로운 정욕에 떨어지나니 곧 사람으로 침륜과 멸망에 빠지게 하는 것이라. 돈을 사랑함이 일만 악의 뿌리가 되나니 이것을 사모하는 자들이 미혹을 받아 믿음에서 떠나 많은 근심으로써 자기를 찔렀도다"(디모데전서 6:8~10).

신약 성경을 읽어 보면 "돈을 사랑치 말라." "탐심을 경계하라." "있는 바를 족한 줄로 여기라." "돈을 사랑함이 일만 악의 뿌리라." 이런 말씀이 계속 나오고 있습니다. 그런데도 우리는 돈 많이 버는 것을 복이라고 생각합니다. 부자가 되는 것은 정당한 욕구라고 생각합니다. 부자가 되고 싶어 합니다. 심지어는 '부자 되는 것이 하나님의 뜻입니다' 라는 책도 있습니다.

여러분, 우리는 굉장히 큰 위기의 시대에 살고 있습니다. 제가 어제 말씀드렸듯이 사탄이 교회를 공격할 때 쓰는 핍박과 유혹이라는 방법은 우리가 정신을 바짝 차리면 이겨낼 수 있습니다. 그러나 미혹이라는 방법, 즉 복음을 왜곡하고 그릇되게 변질시켜 우리에게 가르치는 방법은 우리가 잘 믿으려고 하면 할수록 넘어가기 쉽습니다. 그래서 이단들이 번져가는 것입니다. 이점을 우리가 주의 깊게 생각해 봐야 하겠습니다.

　우선 세 친구의 문제가 무엇이고 왜 잘못된 것인지를 정리하고, 다른 하나의 주제 결국은 같은 주제인데 복에 대해서 설명하겠습니다. 세 친구의 문제는 비록 욥이 고난을 겪고 재산도 다 잃었고 자식도 잃었고 건강도 잃었지만, 욥은 여전히 하나님의 사람이요 하나님의 사랑의 대상이요 하나님이 가장 소중히 여기는 하나님의 복 받은 자녀라는 사실을 몰랐다는 것입니다. 만약 친구들이 이 순간에 잠깐 멈추고 하나님께 질문해 보면 어땠을까요? "하나님, 욥이 정말 저주받은 것입니까? 자기 죄로 인해서 징벌 받는 것입니까? 욥이 하나님으로부터 버림받은 것입니까?" 이렇게 질문하면 하나님은 어떻게 대답하실까요? "정반대라고, 그것이 아니라고, 내가 누구보다도 욥을 사랑하고 있으며, 누구보다도 욥을 자랑스럽게 여기고 있으며, 나는 욥과 지금 함께하고 있다"라고 하셨을 것입니다. 욥의 친구들은 이 사실을 몰랐던 것입니다. 여러분, 예수님이 십자가에서 "엘리 엘리 라마 사박다니" 라고 외치던 그 순간, 예수님은 하나님의 뜻을 가장 완벽하게 이루고 계셨던 것입니다.

따라서 우리의 시각이 바뀌어야 합니다. 여러분, 잘사는 것은 많은 경우 복이 아닙니다. 잘사는 것을 경계해야 합니다. 잘 살면서 하나님을 멀리하는 사람이 얼마나 많습니까? 잘 살기 때문에 하나님과 돈을 둘 다 섬기려고 하는 사람이 얼마나 많습니까? 여러분, 바늘귀를 통과하셨습니까? 바늘귀를 통과하지 않아도 구원 얻는다고 생각합니다. 왜? 은혜로 구원을 받으니까요. 그것은 은혜를 오해한 것입니다. 은혜로 구원받는다는 말은 탐심을 버리지 않아도, 돈을 사랑해도 바늘귀를 통과할 수 없어도 하나님이 받아 주신다는 뜻이 아닙니다. 하나님의 은혜가 역사하면 돈을 사랑하는 마음을 버릴 수 있게 해 주십니다. 하나님의 역사가 있으면 하나님을 전적으로 사랑해서 탐심을 버리는 것이 바늘귀를 통과하는 사람의 모습입니다.

바늘귀를 통과한 사람의 예가 있습니까? 부자가 탐심을 버리는 것이 얼마나 어려운지, 부자가 하나님 나라에 들어가는 것이 얼마나 어려운지, 낙타가 바늘귀를 통과하는 것보다 더 어려운데 실제로 부자가 탐심을 버린 예가 있습니까? 여러분, 누가복음 19장에 삭개오의 이야기가 나옵니다. 삭개오가 어떤 사람이었습니까? 세리고 부자였습니다. 그가 예수님을 만나고 어떻게 변화됩니까? 삭개오는 "제가 제 소유의 절반을 팔아 가난한 자들에게 나누어 주겠습니다. 내가 뉘게서 토색한 것이 있으면 네 배로 갚겠습니다"라고 했습니다. 그 때 주님이 선포하셨습니다. "오늘 구원이 이 집에 임하였도다." 이것이 바늘귀를 통과하는 것입니다.

우리가 하나님의 은혜를 받으면, 여전히 욕심꾸러기고 여전히 탐심 투성일지라도 천국의 입장권을 얻는 것이 아닙니다. 그것이 아니고 하나님의 은혜가 임하면 그토록 돈에 집착하던 우리가 돈을 사랑하지 않게 되는 것입니다. 그토록 욕심이 많던 우리가 욕심을 버리게 되는 것입니다. 하나님의 영광을 본 사람은 이 세상의 명예 이 세상의 재물, 부귀, 영화에 집착하지 않습니다. 그 정도도 변화시키지 못하는 것이 무슨 은혜이겠습니까?

그래서 욥의 세 친구는 옳은 듯하지만 옳지 않습니다. 욥의 세 친구의 말이 틀렸다는 것이 성경의 가르침이고 결론입니다. 제가 욥의 세 친구를 지나치게 몰아간 점이 있습니다. 욥의 세 친구가 돈 많이 벌고 부자가 되어야 한다고 주장하는 사람들이라고 단정하는 것은 무리가 있을 수 있습니다. 그러나 그들의 신학을 논리적으로 따라가 보면 그러한 결론에 도달할 수가 있습니다. 어쨌든 하나님이 주시는 사랑과 복은 외적인 번영으로 측정될 수 없는 것입니다.

성경이 말하는 복과 선

자, 이제 이 점을 좀 더 설명하기 위해서 성경에서 말하는 복에 대해서 생각해 보겠습니다. 구약에서는 하나님의 복이 실제적으로 물질적인, 외적인 번영으로 주어졌습니다. 제가 1장에서 이런 말씀을 드렸지요? 욥이 부자라는 것은 욥의 삶을 하나님이 인정하시고 축복하셨다는 뜻이 있다고 말입니다. 욥의 친구들의 정통 신학이 처음부터 끝까지 다 틀린 것은 아닙니다. 구약에서는 그러했습니다. 왜 그랬을까요? 구약은 율법을 중심으로 한 신정체제였습니다. 하나님께서 율법을 통해서 이스라엘 백성을 직접 다스리셨습니다. 그래서 하나님께서 직접 다스리면서 율법을 조건으로, 율법을 지키면 부자가 되게 해 주겠다, 율법을 지키면 잘 살게 해 주시겠다고 약속하셨습니다. 반면에 율법을 어기면 망할 것이라는 경고도 하셨습니다. 그래서 구약에 나오는 믿음의 선조들은 대부분이 거부였습니다. 아브라함도 이삭도 야곱도 거부였습니다. 구약의 신정체제가 유지되는 기간 동안은 그러했습니다. 그런데 역사가 흘러가면서 이스라엘이 겉모습으로만 여호와 신앙을 가졌을 뿐, 실제로는 우상숭배에 빠지고 질서가 무너지기 시작했습니다. 그래서 이스라엘 역사 안에서 신정체제가 무너져 버렸습니다. 그래서 어떤 일이 일어납니까? 의인이 고난을 겪기 시작하는 것입니다. 그리고 악인이 잘되고 번성해서 하나님의 약속이 맞지 않는 듯이 보이는 현상이 일어나게 되었습니다.

대표적으로 여러분이 시편 73편을 읽어 보시면 알 수 있습니다. 거기에 악인이 잘 되는 것을 보고 실족할 뻔 했다고, 너무나 놀랐다고 그러나 성전에 들어갈 때에 그들의 결국을 깨달았다는 내용이 있습니다. 또 그 곳에 악인들은 살아서 생전에 잘 되고, 죽을 때조차 평안하더라는 말도 있습니다. 정말 그렇지 않습니까? 여러분, 권세 잡은 자들, 그 권세 잡는 과정은 불의했지만 일단 권세를 잡으면 그 권세 때문에 사람들은 그 앞에서 굽신거립니다. 권세 잡은 자가 죽으면 어떻게 됩니까? 성대한 장례식이 치러집니다. 장례식에 가 보면 그 사람의 일생을 알 수 있다는 말이 있습니다. 저는 그 말을 믿지 않습니다. 권세 잡은 자가 죽으면 장례식조차 화려합니다. 결국은 언제 한 사람의 진실을 알 수 있느냐 하면 심판대 앞에서 입니다. 우리가 심판대 앞에 서기까지는 사실 다 알 수 없는 것입니다. 이스라엘 역사가 진행되는 동안에 이런 변화가 일어났습니다.

악인이 잘 되고 의인이 망하는, 사회질서와 영적질서가 무너지고 흐트러지는 결과가 나타났습니다. 그것에 대해서 고민을 하다가 나타난 책이 욥기입니다. 욥기는 의인도 고난을 받을 수 있다는 것입니다. 잠언은 '의인은 항상 잘 된다. 악인은 항상 망한다'라고 합니다. 이것이 틀린 말은 아닙니다. 이 말이 기본질서입니다. 그러나 기본 질서가 현실에 적용되지 않는 상황이 있다는 것입니다. 이런 상황 속에서 욥기가 나왔고 욥기는 '의인도 고난을 받을 수 있다'고 말합니다. 욥기 다음에 전도서가 나옵니다. 전도서는 더 허망하고 더 허무합니다. 전도서를 읽어 보면 '이것이 성경이 맞는가'라는 생각이 들 정도로 엉뚱한 이야기들이 많이 나옵니다. 전도서는 이렇게 말합니다. "빠르다고 항상 경주에서 이기는 것이 아니다.""의인이라고 항상 잘 되는 것은 아니다." 나아가서는 심지어 "지나치게 의인이 되지 말라"는 말까지 합니다. 우리는 이런 것을 체계적으로 이해할 필요가 있습니다. 아무튼 제가 말씀드리는 것은 구약에서는 하나님께서 우리가 하나님 뜻대로 산다면 복을 주시겠다고 약속하셨고 그 복은 외적인 번영, 물질적인 번영이었던 것이 사실이라는 것입니다. 그러나 이미 구약

시대에 그 질서가 무너지고 그 약속이 맞지 않게 된 것을 우리가 보게 됩니다.

그러다가 신약시대로 왔습니다. 신약에 오면 복의 개념이 혁명을 일으키며 바뀝니다. 신약에서 복을 가장 집중적으로 말한 본문이 어디에 있지요? 팔복입니다. 산상수훈의 팔복! 거기서 예수님이 어떠한 자를 복이 있다고 말씀하십니까? 건강한 자는 복이 있나니, 돈 많이 번 자는 복이 있나니, 성공하고 출세한 자는 복이 있나니, 그렇게 말씀하지 않지요? 겉으로 보기에는 세상에서 가장 한심해 보이는 사람들이 예수님은 복이 있다고 말씀하셨습니다. 심령이 가난한 자, 애통한 자, 온유한 자 등입니다. 그래서 신약에 오면 복이 바뀌는데 영적인 것으로 바뀝니다. 더 이상 신정체제가 아닙니다.

우리는 지금 하나님 나라의 백성입니다. 우리는 하나님의 통치 안에 들어와서 삽니다. 하나님의 통치 안에 들어온 사람에게는 당연히 하나님이 주시는 모든 풍요가 주어져야 할 것입니다. 그런데 그렇지가 않습니다. 왜 그렇습니까? 아직 하나님의 나라가 완성되지 않았기 때문입니다. 예수님이 오시므로 하나님의 나라는 시작되었지만, 예수님이 재림하셔서 하나님의 나라를 완성하기까지는 우리는 하나님 나라의 모든 풍요를 아직 누리지 못합니다. 그러나 영적인 복은 받기 시작했습니다. 주님이 다시 오셔서 하나님의 나라가 완성되는 그때는 어떻게 될까요? 그때 우리는 구약을 뛰어 넘는 완전한 복을 누리게 될 것입니다. 그때 우리는 물질적으로도 결핍이 없을 것이고 건강도 완전할 것입니다. 심지어 죽음도 없을 것입니다. 우리는 죽음도 경험하지 않고 애통함도 없고 슬픔도 없고 눈물도 없고 아무 부족함이 없는 완벽한 환경 속에서, 완벽한 존재로 살아가게 될 것입니다. 그러나 아직은 아닙니다. 하나님의 나라가 시작되었지만 완성되지 않았습니다. 그래서 신약에 오면 복이 바뀌는데 제가 중요한 구절을 하나 소개하겠습니다. 에베소서 1장 3절, 4절입니다. "찬송하리로다. 하나님 곧 우리 주 예수 그리스도의 아버지께서 그리스도 안에서 하늘에 속한 모든 신령한 복으로 우리에게 복주시되 곧 창세전에 그리스도 안에서 우리를 택하사 우리로 사랑 안에서 그 앞에 거룩하고 흠이 없게 하시려고." 하나님께서 우리를 그리스도 안에서 모든 신령한 복으로 우리에게 복 주셨습니다.

여러분, 지금부터 제가 하는 말을 잘 들으십시오. 복은 하나입니다. 그 복은 영적인 복입니다. 복은 물질의 축복, 건강의 축복, 사람 잘 만나는 인적인 축복 등 여러 가지가 있는 것이 아니고 복은 하나입니다. 그리고 그 복은 영적인 복, 신령한 복이고 다른 말로 하면 구원입니다. 구원을 또 다른 말로 하면 성화입니다. 하나님께서는 그리스도 안에서 모든 복을 우리에게 주셨습니다. 신령한 복을 말입니다. 신령한 복은 우리가 하나님 앞에서 거룩하고 흠이 없는 존재가 되는 것입니다. 그래서 이 하나를 이루시기 위해서 다른 모든 것을 조절하십니다. 하나님께서 우리의 건강도 우리의 성화를 위해서 조절하십니다. 어떤 경우 어떤 사람에게는 질병을 주십니다. 어떤 사람에게는 아픔을 주십니다. 그래서 우리가 아픈 것이 저주나 하나님의 책망이 아닌 경우가 얼마든지 있다는 것입니다. 우리의 아픈 걸 통해서 우리의 연약함을 통해서 하나님이 영광을 받으시려고 계획하는 경우가 굉장히 많다는 것입니다. 우리가 아플 때 어떻게 기도해야 합니까? "빨리 낫게 해 주세요"라고 할 것입니다. 빨리 나아야 합니다만 꼭 그렇게 기도할 것은 아닙니다. 우리의 아픔을 통해서, 우리의 약함을 통해서 하나님이 우리에게 어떤 일을 하시는지 우리는 주의 깊게 살펴보아야 합니다.

하나님께서 때때로 우리의 재물도 거두어 가십니다. 여러분, 이런 사람을 생각해 보십시오. 어떤 어머니가 기도를 아주 열심히 합니다. 그러자 아들의 사업이 보통 잘 되는 것이 아닙니다. 이 아들은 항상 든든한 백이 어머니입니다. 아들은 "어머니의 기도 때문에 제가 이렇게 잘 나갑니다"라고 합니다. 아들은 너무 잘 나가니까 교회에 다닐 시간이 없습니다. 어머니의 뜻을 좇아서 십일조도 하고 건축헌금도 하고 헌금은 많이 합니다만 방탕하게 삽니다. 사업을 핑계대고 출장 가서 좋지 않은 일을 하고 이런저런 부정한 거래도 합니다. 그러면서도 "제가 나중에 교회에 나가고, 나중에 믿음 생활해야지요. 지금은 제가 어머니 백으로 살고 있습니다. 허허허"합니다. 예, 이런 사람, 이런 사람에 대해서 우리가 무엇이라고 말하겠습니까? "당신은 물질적인 복은 받았군요. 건강의 축복은 받았고요. 이제 영적인 복만 받으면 될 터인데..." 이렇게 말합니까? 이 사람은 복이 아니라 저주를 받고 있는 것입니다. 물질이 그에게 저주인 것입니다. 건강이 그에게 저주인 것입니다. 건강하기 때문에 잘살기 때문에 하나님을 만홀히 여기고, 하나님을 떠나고 하나님 없이도 너무나 잘 살고 있습니다. 그러니 이것은 복이 아니라는 것입니다. 여러분, 물질과 건강 같은 것을 복이라고 하면 사도 바울처럼 복을 받지 못한 지지리 못난 사람이 어디에 있습니까? 사도 바울은 늘 아팠습니다. 여러분,

고린도후서를 읽어 보십시오. 사도 바울이 얼마나 고생을 많이 했습니까? 밤낮 굶주리고 헐벗고 정처 없고 매 맞고 옥에 갇혔습니다. 우리 예수님은 복을 받았습니까? "예수님은 하나님의 아들임에도 불구하고 애석하게도 물질적인 복은 못 받았습니다." 이렇게 말해야 합니까? 아닙니다. 복은 하나입니다.

로마서 8장 32절에 "자기 아들을 아끼지 아니 하시고 우리 모든 사람을 위하여 내어 주신 이가 어찌 그 아들과 함께 모든 것을 우리에게 은사로 주지 아니 하시겠느뇨." 하나님께서 우리를 사랑하시는데, 그리스도 안에서 우리를 자녀 삼아 주셨는데, 무엇이 아까워서 우리에게 안 주시겠습니까? 그것이 아닙니다. 하나님은 우리의 유익을 위해서 조절하십니다. 무엇이 우리의 진정한 유익입니까? 우리의 성화입니다. 우리가 하나님께 걸맞은 아들딸이 되게 하시려고, 거룩하고 흠이 없는 하나님의 백성, 하나님의 자녀가 되게 하시려고 우리를 연단하시고 우리를 이끌고 가시는 것입니다. 여러분이 잘 아는 구절 로마서 8장 28절부터 30절을 봅시다. "우리가 알거니와 하나님을 사랑하는 자 곧 그 뜻대로 부르심을 입은 자들에게는 모든 것이 합력하여 선을 이루느니라. 하나님이 미리 아신 자들로 또한 그 아들의 형상을 본받게 하기 위하여 미리 정하셨으니 이는 그로 많은 형제 중에서 맏아들이 되게 하려 하심이 니라. 또 미리 정하신 그들을 또한 부르시고 부르신 그들을 또 한 의롭다 하시고 의롭다 하신 그들을 또한 영화롭게 하셨느니라." 하나님을 사랑하는 자, 곧 그 뜻대로 부르심을 입은 자 들에게는 모든 것이 합력하여 선을 이룹니다. 이 선이 무엇입 니까? 어떤 사람은 이렇게 생각합니다. '저는 사업이 망했습니 다. 건강을 잃었습니다. 하는 일마다 안 됩니다.' 그런데 이 구 절로 위로를 받으면서 '모든 것이 합력하여 선을 이룰 것을 믿 습니다'고 합니다. 그가 생각하고 기대하는 선이란 무엇이겠 습니까? '나중에 사업이 더 크게 해 주실 것이다. 더 성공하게 해 주실 것이다. 지금은 내가 실패했고 망한 것처럼 보이지만 나중에 이 모든 것을 하나님이 다 뒤집으셔서 가장 성공하고 가장 잘되게 해주실 것이다. 그것이 선이다' 이렇게 생각한다 면 그것이 맞습니까? 아닙니다. 물론 그러실 수도 있습니다. 그러나 그렇게 안하실 수도 있습니다.

여기서 말하는 선은 하나님의 아들의 형상을 본받게 하시 는 것입니다. 우리가 하나님 앞에서 영화로운 존재가 되게 하 시는 것입니다. 그래서 조절하는 것입니다. 그래서 여러분, 이 렇게 생각하시면 됩니다. 지금 하나님께서 우리에게 주신 이것이 최선이다, 이것이 최상이다. 이것을 여러분 아셔야 합니다. 여러분, 아파트에서 살면 어떻습니까? 꼭 무슨 좋은 집에서 살아야 합니까? 꼭 고급차만 타야합니까? 그냥 달리기만 하는 차면 무슨 문제가 있습니까? 주어진 것을 가지고 얼마든지 행복할 수 있지 않습니까? 무엇이 문제입니까?

우리가 가진 것 복인가? 은사인가?

그렇다면 물질, 건강, 지위 이런 것을 우리는 어떻게 보아야 하는가? 그것은 복이 아니라 은사라는 것입니다. 하나님께서 어떤 사람에게 물질을 많이 주십니다. 그러면 우리는 그것을 어떻게 생각해야 하느냐 하면 '물질의 복을 많이 받았다' 이렇게 생각하지 마시고, '물질의 은사를 받았다' 이렇게 생각해야 합니다. 만약에 그것이 복이라면 우리 마음껏 즐겨도 상관이 없습니다.

여러분, 제가 로또에 당첨되어 엄청난 돈을 얻게 되었다고 생각해 보십시오. 제가 엄청난 돈을 손에 쥘 수 있는 유일한 길은 로또 밖에 없으니까, 아무튼 로또를 통해서 제가 그것을 얻었다고 생각해 보십시오. 그러면 이것은 하나님이 주시는 복일까요? 이게 만약에 복이라면 제가 이 돈을 가지고 제 맘

대로 써도 됩니다. 뭐 물론 십일조는 떼어야겠지요? 십일조를 떼었다 치고 그 다음에는 어떻게 합니까? 생각은 안 해봤지만 별장도 사고 요트도 사고 세계일주도 하고, 하고 싶은 일 마음껏 하면서 즐기며 살면 될 것입니다. 아닙니다. 크리스천은 돈이 있다고 그렇게 살면 안 됩니다. 그것은 은사입니다. 하나님께서 나에게 맡기신 달란트입니다. 이것을 가지고 어떻게 쓰는 것이 하나님의 뜻일까를 고민해야 합니다. 그래서 저는 절대 로또를 안삽니다. 로또에 당첨되면 저는 고민입니다. 그 돈 가지고 어떻게 하나님의 뜻대로 살지를 저는 모르기 때문에, 돈이라는 은사를 관리할 능력이 제게 없기 때문에 그것은 안 받는 것이 좋습니다. 건강도 마찬가지입니다. 너무나 웰빙, 웰빙하면서 건강, 건강하는데 건강해서 어쩌자는 것입니까? 주님을 위해서 잘 살고 싶다면 그러면 건강해야 할 것입니다.

신앙의 회의와 욥의 딜레마

"나의 말이 곧 기록되었으면, 책에 씌어졌으면, 철
필과 납으로 영원히 돌에 새겨졌으면 좋겠노라. 내
가 알기에는 나의 대속자가 살아 계시니 마침내 그
가 땅 위에 서실 것이라. 내 가죽이 벗김을 당한 뒤
에도 내가 육체 밖에서 하나님을 보리라. 내가 그
를 보리니 내 눈으로 그를 보기를 낯선 사람처럼 하
지 않을 것이라. 내 마음이 초조하구나 너희가 만
일 이르기를 우리가 그를 어떻게 칠까 하며 또 이르
기를 일의 뿌리가 그에게 있다 할진대 너희는 칼을
두려워 할지니라. 분노는 칼의 형벌을 부르나니 너
희가 심판장이 있는 줄을 알게 되리라"(욥기 19장
23~29절, 개역개정).

두 번에 걸쳐서 밖에서 본 욥기를 살펴보았습니다. 첫 번째는 사탄의 오해였습니다. 그것은 "하나님께서 복을 주시기 때문에 욥이 하나님을 경외하는 것이라"는 것입니다. 그러나 하나님께서는 '하나님이 하나님이시기 때문에 욥이 하나님을 경외함'을 아셨습니다. 믿음은 하나님이 하나님이시기 때문에 그분만을 경배하고 섬기는 것입니다. 두 번째 친구들의 오해가 있었습니다. 친구들은 "욥이 고난을 겪는 것은 죄 때문이라"고 생각했습니다. 이 생각에는 하나님의 사랑과 복은 물질적, 외적 번영으로 나타난다는 믿음이 깔려 있습니다.

그러나 비록 욥이 고난을 겪고 있고, 외적으로는 한없이 낮아진 상태이지만 여전히 하나님의 사랑과 복의 대상이었다는 것이 실상입니다. 참된 믿음은 외적 상황이 어떠하든지 관계없이 하나님의 사랑과 하나님의 선하심을 신뢰하는 것입니다. 이 두 가지를 우리가 살펴보았는데 이번에는 안으로 들어가 보겠습니다.

우리가 욥기를 이해하기 쉬운 것은 천상의 장면을 알고 있고, 결말을 알고 있기 때문입니다. 그러나 욥은 천상의 장면을 모르고, 결말이 어떻게 되는지 알 수 없습니다. 그러한 욥의 상태에서 그가 지금 통과하고 있는 삶의 경험들과 그의 고난을 생각해 보도록 하겠습니다.

서론에서는 욥이 자식과 재산을 빼앗겼을 때 한 마디도 불평하지 않았다고 말하고 있습니다. 심지어 건강까지 잃었어도 욥은 불평하지 않았다고 했습니다. 그러나 변론으로 들어오면 욥이 끊임없이 불평합니다. 사실 욥은 입이 이만큼 부풀었습니다. 너무 화가 나고 속상하고 하나님께 대한 원망이 많은 상태였습니다. 이 둘은 모순되지 않습니까? 앞에서는 욥이 불평을 하지 않고 아주 꿋꿋이 믿음으로 모든 고난에 대처한 것으로 설명하는데, 왜 대화의 장면에서는 끊임없이 하나님을 원망하고 불평합니까?

욥을 괴롭힌 신앙의 회의

여러분, 욥의 고난의 핵심은, 욥이 가장 힘들어 했고 좌절하고 속상했던 것은 회의입니다. '신앙의 회의' 즉, 지금까지 자신이 알아왔던 하나님과 전혀 다른 하나님, 낯선 하나님을 만나면서 욥이 괴로워했던 것입니다. 물론 재산을 잃고 자식을 잃고 명예를 잃고 가장 큰 자요 존귀한 자로 사람들의 존경을 받다가 가장 밑바닥으로 떨어진 상황에 대해서도 욥이 힘들었던 것은 사실입니다. 물론 그런 상황에서 감사하고 불평하지 않으려고 한 것도 사실이지만, 힘들다는 것이 밑바닥에 깔려 있을 것입니다. 특별히 건강에 어려움이 올 때 우리는 너무나 연약해집니다. 우리는 그것을 견딜 수가 없습니다. 재산도 자식도 모두 몸 밖의 외적인 것이지만 건강은 우리 몸입니다. 우리 몸이 아프고 우리 몸이 힘들고 우리 몸이 망가져 가는 것입니다. 그래서 이런 고통이 더욱 힘든 것입니다. 그러나 욥의 믿음은 그것까지도 견딜 수 있는 믿음이었습니다. 무엇만 확실하다면? 하나님의 사랑만 확실하다면 말입니다. 욥을 향한 하나님의 변함없는 신실하신 태도만 욥이 확인할 수 있다면, 그것은 욥이 얼마든지 감당할 수 있는 시련이었습니다.

그런데 제가 앞부분에서 말씀드렸듯이 하나님과 사탄의 내기 조건이 하나님께서 욥에게 아무런 힌트도 줄 수 없다는 것입니다. 저도 그럴 수 있을 것 같습니다. 저도 하나님께서 저에게 천상의 장면을 이야기해 주시면, "이러이러한 일이 있었단다. 너는 알지 못하지만 지금 내가 사탄과 이러한 내기 중에 있단다"라고 하나님께서 귀띔이라도 해주신다면, 저는 부족하지만 "하나님 제가 하나님께 승리를 안겨 드리겠습니다"라며 힘을 낼 것입니다. 만약에 욥이 그 사실을 알았다면 이렇게 불평하지 않았을 것입니다. 지금 욥의 불평은 하나님이 왜 얼굴을 바꾸셨느냐 하는 것입니다. 왜 하나님이 침묵하시느냐 하는 것입니다.

욥의 친구들은 정통신학의 소유자들이었습니다. 그래서 의인은 잘되고 악인은 망한다는 잠언의 지혜를 좇고 있었습니다. 인과응보의 신학을 가지고 있었습니다. 이것은 절대 틀린 것이 아닙니다. 다만 이것이 전부가 아니라는 것입니다. '의인은 흥하고 악인은 망한다.' 이것은 일반 법칙입니다. 하나님께서 정하신 자연적인 질서입니다. 그러나 이 세상은 타락한 세상입니다. 이 세상은 모든 것이 하나님이 정하신 법대로 움직이지 않습니다. 하나님의 법을 어기는 세상입니다. 하나님께 대적하는 세상입니다. 그래서 정직한 자가 잘되지 않고 오히려 속이는 자가 잘되는 일이 종종 일어나는 것입니다. 그래서 욥의 친구들의 정통신학으로만 해결할 수 없는 많은 다른 측면이 우리 삶에 있고 현실에 있는 것입니다.

욥의 친구들의 문제는 그들이 잠언의 지혜, 잠언의 신학에 머물렀다는 것뿐만 아니라 그들이 하나님을 관념적으로만 알았던 것에 있습니다. 그들의 신학은 하나님에 대한 직접적인 경험을 결여한 신학이었습니다. 학문적인 신학, 관념적인 신학, 이론적인 신학이었습니다. 혹시 우리들의 믿음이 그런 것은 아닌지 모르겠습니다. 여러분, 성경을 공부해서 우리 믿음이 성장하는 것은 맞습니다. 그러나 성경의 말씀을 실생활에 적용해서 그것이 삶의 체험이 되어야만 합니다. 그렇지 않으면 그 성경지식은 우리에게 큰 유익이 되지 않습니다.

우리 부모님의 세대, 할머니의 세대를 보면 성경지식은 요즘 세대만큼 없는 것 같습니다. 요즘 젊은 세대들이 성경을 더 많이 아는 것 같습니다. 그러나 할머니의 세대 부모님의 세대 어머니 세대의 믿음은 시련을 통과하면서 연단된 점이 참 많이 있습니다. 제 어머님이 저한테 늘 하시는 말씀이 '6.25를 경험해 봤는가'하는 것입니다. 저희 가족이 2002년도에 프랑스 파리에 여행을 갔던 적이 있습니다. 그런데 제가 지도를 보며 숙소를 찾아갔는데 방도 없고 아무튼 제가 일을 망쳤습니다. 그래서 매우 당황하고 있었습니다. 그때 어머니가 제 옆에서 "김목사, 기도해"라고 말씀하셨습니다. 저는 "기도하고 있습니다"라고 대답하면서도 여전히 무척 당황하고 있는데 어머니가 이런 말씀을 하시는 것입니다. "김목사는 6.25를 경험해 보지 않아서 너무 나약하다"라고.

우리에게는 항상 그런 태도가 있습니다. 우리는 머리로 이론으로 관념으로 모든 것을 해결하려고 하면서 어려움에 직접 부딪혀서 뚫고 통과해 본 경험은 별로 없다는 것입니다. 저는 우리 부모님 세대. 할머니 세대의 연단을 받은 신앙 삶의 체험이 있는 신앙을 높이 평가하고 존중합니다. 그래서 말씀에서 배우고 그 말씀을 삶에 실천해서 얻은 경험이 있어야 합니다. 스스로의 간증이 있어야 합니다. '성경이 이렇게 말하더라'에서 그치지 말고 '그렇기 때문에 내 삶에서도 이런 일이 일어났다'는 것이 있어야 합니다. 그러나 한편, 성경의 가르침을 체험으로 확인하는 것이 아니라, 성경과 관계없이 체험만 추구한다면 심각한 문제가 있으므로 주의해야 합니다.

욥이 경험한 인생의 딜레마

어쨌든 욥의 친구들은 하나님에 대해서 많은 말을 했지만, 결론은 하나님을 체험으로 알지 못했다는 것입니다. 반면에 욥은 하나님을 체험으로도 알았던 사람입니다. 바로 이 점이 욥과 친구들의 차이점입니다. 욥은 하나님을 인격적으로 알았고 관계적으로 알았고 경험적으로 알았습니다. 이런 욥의 말을 모두 종합해 보면 자기가 잘못했다고 해서 이런 고난을 주실 하나님이 절대로 아니라는 것입니다. "하나님은 내 중심을 아신다. 내가 얼마나 주님을 하나님을 사랑하고 하나님 뜻대로 살려고 했는지 하나님은 아신다." 친구들의 충고나 지적하는 것 그 정도를 몰라서 당황하고 있는 욥이 아니었습니다. 그런 어떤 성경 지식 신학 지식수준의 정도에서 고민하고 있는 욥이 아니었습니다. 그런 것은 이미 다 알고 있었고 하나님과 동행하는 삶을 살았습니다. 하나님을 알았습니다.

그런데 어느 날 느닷없이 하나님이 지금까지와는 전혀 다른 모습으로 욥에게 나타나신 것입니다. 이것이 욥의 고난의 핵심입니다. 회의. 여러분 신앙의 회의를 해 보셨습니까? 일부러 신앙의 회의를 할 필요는 없습니다. 그러나 회의가 찾아올 때가 있습니다. 이 회의에 대해서는 조금 있다 좀 더 말씀을 드리겠습니다. 먼저 욥이 이 과정을 어떻게 통과하는 지 그 얘기를 먼저 여러분에게 말씀드리겠습니다.

욥의 고난은 하나님에 대한 회의와 동시에 친구들의 도전과 비난 때문에 더 괴로운 것이었습니다. 욥이 "나는 무죄다. 하나님은 아신다. 하나님과 나는 너희들이 아는 그런 정도의 수준이 아니고 훨씬 살 깊은 훨씬 친밀한 그런 관계다"라고 합니다. 그러나 욥의 친구들은 그걸 인정하지 않습니다. "그건 말도 안 된다. 그렇다면 하나님이 너에게 이렇게 고난을 주시고 힘들게 하시겠는가? 문제는 너의 죄다"라고 하면서 친구들은 욥을 계속 공격합니다. 욥은 그 공격에 대해서 변론하지만 결국은 하나님이 나타나셔서 판결을 해주셔야만 합니다. 욥은 하나님이 친구들에게 "너희들은 틀렸다. 욥이 죄가 있어서 나쁜 사람이어서 악인이어서 고난을 겪는 것이 아니다"라고 말씀하시면서 그의 편을 들어 주시기를 바랍니다. 그러나 욥은 하나님의 응답을 들을 수 없습니다.

사실, 욥의 친구들이 하는 것과 같은 오해가 끼치는 해악이 참으로 큽니다. 우리 교인 중의 어떤 사람이 어려운 일을 당한다고 생각해 보십시오. 그 집의 가족 중의 한 사람이 암에 걸립니다. 또 그 집의 가장은 사업에 실패합니다. 설상가상으로 누구는 교통사고를 당합니다. 그 집은 마치 저주받은 집 같습니다. 하는 일마다 안 되고 일어나는 일마다 모두 나쁜 일만 일어납니다. 그러면 우리는 대놓고 드러나게 표현하지는 않겠지만 뒤에서 수군거립니다. "그 권사님 믿음이 좋은 것 같더니 그렇지 않았나봐. 이런 일들을 당하는 것을 보니 말이야." 이 어려움을 당하는 집에서는 두 가지로 어려운 것입니다. 하나는 하나님께 섭섭합니다. "아니 왜 우리에게 이런 고난을 주십니까? 하나님 도대체 살아 계십니까? 우리의 기도를 들으십니까?" 이처럼 하나님께 대한 섭섭함이 있음과 동시에 죄인이기 때문에 고난을 받는다고 하는 사람들에 대한 섭섭함이 있습니다. 지금 고난을 겪는 것만 해도 힘든데 고난과 더불어 그동안의 믿음까지도 격하되는 것입니다. 지금까지 잘못 믿어왔다고 평가되는 것입니다.

이것을 뒤집으면 이런 것이 됩니다. 어떤 사람은 나쁜 짓도 많이 하고 하나님 뜻대로 살지 않는데 나날이 번창 하고 하는 일마다 잘 됩니다. 주식이 요동을 치고 앞을 알 수 없을 때에도 이 사람은 사는 주식마다 올라갑니다. 그러면 그 사람은 잘 살기 때문에 성공하기 때문에 돈을 많이 벌기 때문에 그것이 거꾸로 그 사람의 의가 됩니다. 우리가 보기에는 부족함이 있고 믿음이 없어 보여도 하나님이 보시기에는 훌륭한 사람이라고 사람들은 평가하게 됩니다. 이게 얼마나 잘못된 신학인지 여러분 아시겠습니까?

이 세상에서 일어나는 일은 모순투성이입니다. 그것을 우리는 인정해야 합니다. 송명희 시인의 '공평하신 하나님'이라는 시가 있는데 그 공평하신 하나님은 믿음의 눈으로 볼 때에

만 알 수 있습니다. 송명희 시인을 아시지요? 뇌성마비 환자
입니다. 그 시인의 시는 정말 주옥같지만 그 외모 그 모든 모
습은 정상인이 아니지 않습니까? 말 한 마디를 하려고 해도 침
을 많이 흘려야 하고, 글자 한 자 쓰려고 해도 얼마나 힘이 듭
니까? 그 분은 고백합니다. 우리 하나님은 공평하시다고. 믿
음의 눈으로는 그 말이 진리임을 압니다. 그러나 믿음의 눈으
로 보지 않으면 하나님은 절대 공평하지 않습니다. 하나님은
공평하기는커녕 불공평하게 편애하는 분이고 심히 왜곡된 분
입니다. 정말이지 불만이 터져 나올 수 있습니다. 이런 사실을
우리는 인정해야 합니다.

　계속 교과서적인 정답만 말하는 것이 진짜 믿음이 아닙니
다. 우리가 가진 믿음이 참된 믿음이라면, 우리가 가진 모든
삶의 경험을 소화하고 흡수하고 그것을 다 통합할 수 있는 능
력이 있어야 합니다. 삶의 어떤 경험은 우리 신앙에 맞아 들어
가지만 어떤 경험은 우리 신앙과 맞지 않는다면, 이것은 우리
신앙이 지금 충분히 균형 있고, 충분히 올바르고, 건전한 신
앙이 아니라는 것입니다. 우리 신앙에 의하면 잘 될 때에만 하
나님이 우리를 사랑하시는 분입니다. 그러면 지금 우리가 어
려움을 겪는 것은 우리 신앙으로는 받아들일 수 없는 그런 현

상인 것입니다.

욥의 친구들은 정통 신학을 말하고 관념적으로 지식적으로 하나님을 말했는데, 욥은 그렇지 않다고, 내가 경험한 하나님은 그런 분이 아니라고 말합니다. 욥의 친구들이 다시 묻습니다. "네가 옳다면 지금 일어나고 있는 모든 일은 왜 그런가?" 욥이 답답한 것은 그 대답을 할 수 없는 것입니다. "내가 나의 죄 때문에 나의 불의 때문에 이 고생을 하고 있는 것은 아니다"고 욥은 주장합니다. 그러나 "그러면 왜 그 고생을 하는가"라는 물음에 대해서는 답할 수가 없는 것입니다. 그래서 하나님을 찾는 것입니다. 하나님 좀 나타나시라고. 하나님 제발 좀 나에게 말씀해 달라고. 내가 왜 이 고생을 해야 하는지 내가 왜 이 과정을 통과해야 하는지 하나님 알게 해주십시오. 여기 제가 욥기에서 욥의 말 중에 몇 구절 뽑아 왔습니다.

사실 욥기는 이렇게 강의하기 보다는 욥기의 내용 자체를 읽을 때, 욥의 말과 욥의 친구들의 말을 읽을 때 굉장히 매력적인 책입니다. 저는 욥기를 읽으면서 세익스피어의 희곡을 읽는 그런 느낌을 많이 받았습니다. 여러분, 세익스피어의 희곡들을 읽어 보셨나요? 세익스피어의 희곡의 대화들은 사실은 일상적인 대화가 아닙니다. 일상 생활에서 그렇게 말하는 사람들은 없습니다. 그러나 대화의 한 구절 한 구절이 너무 많이 꾸며져 있고, 너무 인위적인 것 같아도 그 대화 자체 그 말의 표현 자체가 예술입니다. 그리고 심오한 인생의 진리들 철학들을 담고 있습니다. 욥의 친구들의 말도 사실입니다. 우리가 욥과 욥의 친구들의 말을 그냥 읽어 가다 보면 이것이 쉽게 소화가 되지 않습니다. 왜냐하면 말이 너무 꾸며져 있고 너무 복잡하고 화려합니다. 그래서 '얘기하려는 요점이 뭐야'라는 생각이 자꾸 떠오릅니다. 그런데 읽고 또 읽고, 또 읽어서 계속 반복해서 읽으면 바로 그 서론인 것 같은 말들, 불필요하게 꾸며 놓은 것 같은 말들 속에 엄청난 진리들이 담겨있는 것입니다.

아무튼 제가 몇 구절 읽어 드리겠습니다.

"전능자의 살이 내 몸에 박히매 나의 영이 그 독을 마셨나니 하나님의 두려움이 나를 엄습하여 치는구나. 사람을 감찰하시는 자여. 내가 범죄 하였던들 주께 무슨 해가 되오리까. 어찌하여 나를 과녁 삼으셔서 스스로 무거운 짐이 되게 하셨나이까. 주께서 어찌하여 내 허물을 사하여 주지 아니 하시며 내 죄악을 제하여 버리지 아니하시나이까. 내가 이제 흙에 누

우리니 주께서 나를 부지런히 찾으실지라도 내가 있지 아니 하리이다."

"내가 진실로 그 일이 그러한 줄 알거니와 인생이 어찌 하나님 앞에 의로우랴. 사람이 하나님과 쟁변하려 할지라도 천 마디에 한 마디도 대답하지 못하리라. 내가 하나님께 아뢰오리니 나를 정죄하지 마옵시고 무슨 연고로 나로 더불어 쟁변하시는지 나로 알게 하옵소서. 주의 눈이 육신의 눈이니이까. 주께서 사람의 보는 것처럼 보시리이까. 주께서는 내가 악하지 않은 줄을 아시나이다. 주의 손에서 나를 벗어나게 할 자도 없나이다."

"오직 내게 이 두 가지 일을 행하지 마옵소서. 그리하시면 내가 주의 얼굴을 피하여 숨지 아니하오리니 곧 주의 손을 내게 대지 마옵시며 주의 위엄으로 나를 두렵게 마옵실 것이니이다. 그리하시고 주는 나를 부르소서. 내가 대답하리이다. 혹나로 말씀하게 하옵시고 주는 내게 대답하옵소서."

"땅아 내 피를 가리우지 마라. 나의 부르짖음으로 쉴 곳이 없게 되기를 원하노라. 지금 나의 증인이 하늘에 계시고 나의 보인이 높은데 계시느니라. 나의 친구는 나를 조롱하나 내 눈은 하나님을 향하여 눈물을 흘리고 사람과 하나님 사이에와 인자와 그 이웃 사이에 변백하시기를 원하노니 수년이 지나면 나는 돌아오지 못할 길로 갈 것임이니라." 이 외에도 굉장히 많습니다.

그런데 욥의 탄원을 읽다 보면 욥은 두 가지 방향으로 말하는 걸 보게 됩니다. 욥은 친구들하고 얘기를 합니다. 친구들하고 얘기를 하다가 갑자기 하나님을 향하여 외칩니다. 그러니까 욥은 두 가지 방향으로 자기의 말을 하고 있습니다. 하나님을 향한 호소들은, "내가 용이니이까 내가 바다니이까 왜 주께서 나를 잠시도 쉬지 않고 나를 지키시나이까 내 몸이 철이냐"하는 것과 "약한 나를 왜 치시냐"라는 것입니다. 그래서 욥의 말의 요점을 정리하면 이런 것입니다. 첫째, "나는 무죄다"입니다. 나는 죄가 없다, 하나님께서 지금 나를 벌하시는 것이 아니다, 내가 당하는 고난은 죄로 인한 것이 아니라는 것입니다. 두 번째, "만약에 내가 내 죄로 이 고난을 당하는 것이라면 너희들은 나보다 의롭기 때문에 고난을 당하지 않는 것이냐?" 이런 친구들에 대한 반론이 있습니다. 그리고 또 "그러면 왜 악인이 잘 되냐?" 욥은 이런 질문도 합니다. "왜 악인이 잘되는 불공평한 일이 일어나느냐?" 이것이 다 욥의 친구들에 대한 반론입니다. 그리고 세 번째는 이것입니다. "하나님 앞에서 누가 의로울 수 있겠느냐? 만약에 그렇게 절대적인 의를 따진다면 하나님 앞에서 누가 의로울 수 있겠느냐? 내가 하나님과 대화를 한다면 천 마디에 한 마디도 나는 대답할 수 없을 것이다."

이 모든 것은 욥이 완전한 의인이라는 얘기를 하는 게 아닙니다. 욥은 하나님께서 자신을 받아 주셨다는 사실을 알고 있는 것이지, 하나님 앞에 내가 100퍼센트 깨끗하다거나 나는 털어도 먼지 하나 나지 않는다는 입장에서 말하는 것은 아닙니다. 그 다음에 욥은 "만약에 내가 불의하다면 내 불의와 내 죄악이 하나님께 어떤 해가 되기에 하나님이 그걸 가지고 나를 이렇게 야단을 치고 책망하신단 말인가"입니다. 이런 욥의 한 마디 한 마디는 하나님에 대한 확신에 차 있습니다. 뒤집어 말하면 내가 아는 하나님은 이러실 분이 아니라는 것입니다. 지금까지 내가 경험해온 하나님, 지금까지 내가 알아온 하나님, 지금까지 내가 믿고 섬겨온 하나님은 이럴 분이 아니라는 것입니다. 욥은 이렇게 마음속에 일어나는 회의를 통과하고 있습니다. 그래서 욥은 친구들과 대화를 더해 가면 더해 갈수록 말이 험해지고, 자제를 못하고 마구 늘어놓습니다. 그 욥의 대화를 따라가다 보면 아주 순간순간 뭔가 번득이는 게 있습니다. 그 번득이는 것은 욥이 고뇌와 회의 속에서 스스로 말을 내뱉는 중에 그 진실이 나오기 시작하는 것입니다.

여러분은 기도 하시면서 욥과 같은 경험을 하십니까? 저는 묵상기도를 많이 합니다. 밤에 자지 않고 조용한 시간에 저 혼자서 묵상합니다. 그런데 그 묵상할 때 하나님과 대화를 합니다. 그것은 지금 욥이 하는 것과 비슷한 방식입니다. "하나님 요즘 저는 굉장히 힘이 듭니다. 왜 제가 이렇게 힘이 드는지 모르겠습니다"라고 기도하다가, "아, 제가 힘이 드는 이유는 이것입니다. 예를 들면 저희 교회가 너무 성장하지 않아요. 제가 아무리 노력해도 우리 교회는 너무 작은 교회예요." 그 다음에 계속 거기서부터 얘기를 해 나갑니다. 그러면서 하나님에게 질문도 하고 내 호소를 하기도 합니다. 그러나 전심으로 그 기도 속에서 그 묵상 속에서, 하나님의 뜻이 무엇일까를 묻고, 저 혼자 묻고 대답하고, 묻고 대답하고, 이야기를 합니다. 그런데 많은 경우 하나님께서 제 말을 인도하십니다. 제 기도를 인도하십니다. 그리고 저의 생각을 불어 넣어 주십니다. 그래서 하나님과 더불어 대화를 하면서 내가 내 입으로 답을 합니다. 그런데 나중에 돌이켜보면 하나님께서 깨닫게 해 주신 경우가 참 많이 있습니다. 하나님이 우리에게 어떤 응답을 주시고 말씀하실 때 무언가 갑자기 떠오를 수도 있겠지만, 저의 경우는 기도할 때 내 기도를 통해서 하나님이 말씀하십니다. 기도를 통해서 하나님께서 저에게 깨달음을 주실 때가 참 많습니다. 저는 욥도 그 경우라고 생각합니다

여러분, 성 어거스틴(St. Augustine)을 아십니까? 기독교 이천년 역사에 최고의 신학자라고 불리는 성자입니다. 성 어거스틴의 컨페션(Confession)이라는 책이 있습니다. 참회록 또는 고백록이라는 책인데 이 고백록 전체가 그러한 투로 씌어 있습니다. 하나님께 계속 고백하는 것입니다. 그런데 그 고백 속에 자기의 묵상이 섞여 들어가 있습니다. 자기가 하나님을 마음속으로 생각하고 하나님에 대해서 자기가 고백하고 하나님을 찾는 것입니다. 그러는 중에 하나님께서 그에게 지혜를 주시고 깨달음을 주시고 하나님에 대한 놀라운 신앙 고백을 하게 하시는 것입니다.

고난을 통과하면서 깨달은 욥의 신앙고백

여기 욥의 신앙고백 두 구절을 여러분에게 소개하려고 합니

다. 욥이 고난을 계속 통과해 가면서 마지막에 드디어 깨닫게 되는 것, 즉 욥이 자기 입으로 하나님을 인정하면서 고난의 의미를 깨달아 가는 것 두 군데가 있습니다. 먼저 23장입니다. 욥기 23장 1절부터 10절까지가 제가 말씀드리려는 요지입니다. "욥이 대답하여 가로되 내가 오늘도 혹독히 원망하니 받는 재앙이 탄식보다 중함이니라. 내가 어찌하면 하나님 발견할 곳을 알꼬. 그리하면 그 보좌 앞에 나아가서 그 앞에서 호소하며 변백할 말을 입에 채우고 내게 대답하시는 말씀을 내가 알고 내게 이르시는 것을 내가 깨달으리라. 그가 큰 권능을 가지시고 나로 더불어 다투실까. 아니라, 도리어 내 말을 들으시리라. 거기서는 정직자가 그와 변론할 수 있은즉 내가 심판자에게서 영영히 벗어나리라. 그런데 내가 앞으로 가도 그가 아니 계시고 뒤로 가도 보이지 아니하며 그가 왼편에서 일하시나 내가 만날 수 없고 그가 오른편으로 돌이키시나 뵈올 수 없구나. 나의 가는 길을 오직 그가 아시나니 그가 나를 단련하신 후에는 내가 정금 같이 나오리라."

하나님 계신 곳을 알면 하나님 앞에 나아가 하나님과 대화하고 싶다는 것입니다. 거기서는 정직자가 하나님과 변론할 수 있은즉, 하나님이 거기서는 그를 만나 주실 거라는 겁니다.

더 이상 그를 외면하지 않으실 거라는 겁니다. 그러나 그가 앞으로 가도 하나님 안 보이시고, 뒤로 가도 보이지 않고, 옆으로 좌우를 살펴도 하나님이 안 계십니다.

그래서 욥은 하나님만 만나면 문제가 해결되는데, 하나님만 만나면 하나님께서 내 말을 들으시고 내 모든 답답함과 궁금증을 풀어 주실 것을 확신하고 있는데, 하나님을 만나지 못하는 것입니다. 이것이 욥의 가장 큰 어려움이고 현실입니다. 그런데 이 현실 중에 욥이 이런 고백을 합니다. "나의 가는 길을 오직 그가 아시나니 그가 나를 단련하신 후에는 내가 정금같이 나오리라" 이 말이 무슨 말입니까? 욥은 더 이상 자기의 삶이 어떻게 가는지, 어떻게 진행되는지, 어떻게 이루어지는지 알 수 없는 그런 시점에 왔습니다. 이제부터는 하나님께 달린 것입니다. "내 가는 길은 하나님만이 아신다. 나는 하나님께서 나를 어디로 이끌고 가시는지 나는 모른다. 그러나 하나님께서 나를 책임져 주실 것이고 나를 이끌고 가실 것이다. 그리고 하나님께서 나를 연단하신 후에는, 단련하신 후에는 내가 정금같이 나올 것이다." 이것입니다.

욥이 발견한 첫 번째 것은 "나의 가는 길은 내가 알지 못하겠다. 오직 하나님이 아신다"라는 것입니다. 여러분, 우리 인생에서 이러한 시점에 도달해야 됩니다. 여러분은 인생을 여러분의 계획대로 살고 계십니까? 여러분의 계획대로 인생이 다 되던가요? 저는 스무 살에 제 인생을 계획한 적이 있습니다. 그것을 도표로 크게 그렸습니다. 몇 살부터 몇 살까지는 뭐하고 뭐하고 계획이 다 맞았으면 제가 여기 이렇게 있지 않을 것입니다. 그런데 그 계획이 어그러지고 하나도 제대로 된 것이 없습니다. 제 인생 가는 길을 제가 모릅니다. 내가 무엇하겠다고 계획한다고 되는 것 아닙니다.

야고보가 뭐라고 했습니까? "너희 인생이 무엇이냐"는 것입니다. "너의 목숨이 무엇이냐. 너희는 잠시 보이다가 사라지는 안개이니라." 내가 내년에는 이것 하겠다. 그 다음 해에는 저것 하겠다는 허탄한 자랑을 하지 말라는 것입니다. 오히려 하나님이 허락하시면 내가 이것도 할 수 있고 저것도 할 수 있을 것이라고 말해야 한다는 것입니다. 우리 인생 가는 길을 우리는 알지 못합니다. 욥은 지금까지는 안다고 생각했습니다. 자기가 살아가는 삶의 길을 안다고 생각했습니다. 모든 것을 욥이 컨트롤할 수 있었습니다. 욥은 사업도 잘 되었고 자녀 교육도 잘 되었으며 자기 신앙관리도 잘하고 있었습니다.

그래서 욥에게는 자기의 가는 길에 대한 확신이 있었습니다. 그러나 지금 이 상황에 부딪혀 보니까 "나의 가는 길은 오직 하나님이 아실뿐이다. 내가 모르겠다. 내가 어디로 가고 있는지 하나님이 나를 어디로 이끌고 가시는지 나는 알 수 없다"라는 고백을 합니다. 그러나 욥이 확신하는 것이 있습니다. "하나님께서 나를 연단하신 후에는 내가 정금같이 나올 것이다." 이것이 욥의 첫 번째 고백입니다.

　　두 번째는 욥기 19장 25절부터 27절입니다. "내가 알기에는 나의 구속자가 살아 계시니 후일에 그가 땅 위에 서실 것이라. 나의 이 가죽 이것이 썩은 후에 내가 육체 밖에서 하나님을 보리라. 내가 친히 그를 보리니 내 눈으로 그를 보기를 외인처럼 하지 않을 것이라. 내 마음이 초급하구나." 앞부분에서 뭐라고 했습니까? "내가 알기에는 나의 가는 길은 오직 그가 아시나니." 즉 나의 가는 길은 내가 아는 것이 아닙니다. 하나님께서 아십니다. 그러면 내가 아는 것은 무엇입니까? "나의 구속자가 살아 계시니" 우리가 알아야 하는 것은 내 인생 가는 길이 아닙니다. 여러분, 내 인생 가는 길은 내가 알아야 할 필요가 없습니다. 그것은 하나님이 아시면 됩니다. 하나님이 인도하시는 것이고 하나님이 책임지시는 것입니다. 그래서 내 인생 가는 길은 하나님께 달려 있고 하나님께 맡겨야 됩니다. 그 대신에 내가 알아야 될 것이 있습니다. 그게 무엇입니까? 그 하나님을 알아야 된다는 것입니다. "내가 알기에는 나의 구속주가 살아계시니 후일에 그가 땅 위에 서실 것이라. 나의 가죽 이것이 썩은 후에 내가 육체 밖에서 하나님을 보리라." 무슨 말입니까? 욥은 지금 부활 신앙을 가지고 있습니다. 살아서는 하나님을 만나지 못하고 있습니다. 하나님을 만날 길이 없고 방법이 없습니다. 하나님이 외면하시고, 하나님이 낯을 가리시니 하나님을 만날 수가 없습니다.

그러나 언젠가는 하나님을 만날 날이 있다고 욥은 확신하고 있습니다. 언제? "나의 가죽, 육체의 밖에서, 이 가죽이 썩은 후에 육체 밖에서 내가 하나님을 볼 것이다." 그때 하나님을 어떤 눈으로 볼 것인가? "내가 친히 그를 보리니 내 눈으로 그를 보기를 외인처럼 하지 않을 것이라." 그의 육체 밖에서 하나님을 만날 때, 하나님을 낯선 타인처럼 보지 않을 거라는 것입니다. 그 날 그 순간에는 하나님을 지금까지 그가 알아왔던 하나님, 그를 사랑하시고 그에게 친밀히 대하시고 그를 감싸주셨던 그 하나님으로 다시 만날 것을 욥은 희망했습니다. 놀랍지 않습니까? 구약의 이 시대에 부활 신앙을 갖고 있었습니다.

"내가 알기에는 나의 구속주가 살아계시니." 여러분, 이 구속주라는 말은 히브리어로 '고헬'이라고 합니다. 이 말을 다른 식으로 표현하면 '기업 물리는 사람'입니다. 이스라엘의 율법에는 이런 것이 있었습니다. 여호수아가 땅을 다 나누어 줍니다. 이스라엘의 열 두 지파와 그 지파 안의 각 가족들에게 땅을 다 나누어 줍니다. 그리고 그 땅은 그 부족, 그 지파, 그 가족에게 영원히 속하도록 배당된 것입니다. 그래서 이스라엘 사람들은 땅을 영원히 사고 팔 수 없습니다. 땅을 사고 파는 기간은 50년입니다. 희년이 되면 본래의 주인에게 다 돌려주어야 됩니다. 굉장히 옳은 법이 아닙니까? 만약에, 나의 당대에 나의 땅을 영원히 팔면 내 뒤에 오는 자손들이 먹고 살 것이 없어집니다. 나는 내가 쓸 수 있는 권리, 내가 50년 정도 이 땅을 부쳐 먹는 다면, 내가 쓸 수 있는 권한만 팔 수 있고 그 후에는 내 자손에게 이 땅이 돌아와야 됩니다. 그래서 50년이 지나면 돌아오게 되어 있습니다. 그러나 그 전에라도 이런 일이 있습니다. 내가 땅을 팔았습니다. 또는 빚 때문에 넘어 갔습니다. 나는 그 땅을 찾아올 길이 없습니다. 그런데 그 땅이 우리 가족 밖으로 넘어간 것이 아닙니까? 그러면 누군가가 이 땅을 대신 되찾아 주는 법이 있습니다. 그 법이 기업무름이란 것입니다. 나에게 가장 가까운 친척이 그 땅을 사서 우리 가족에게로 되돌려 주는 법입니다.

여러분, 룻기 기억하십니까? 룻이 그 시어머니 나오미를 따라서 고향으로 돌아왔지요? 그런데 그 시어머니의 친척 중에 보아스라는 사람이 있었습니다. 이 보아스가 기업 무를 수 있는 자격이 있었습니다. 그런데 보아스 보다 앞서서 권리를 가진 한 사람이 있어서 그 사람한테 묻습니다. "당신이 기업을 무르겠는가?" 그 사람이 "내가 기업을 무르겠다"고 하자 보아스가 "그렇다면 룻도 당신의 아내로 맞아 들여야 한다"라고 했더니 그 사람이 거절합니다. 그 거절은 결국 룻을 위해서 좋은 일을 해주는 게 되는 것입니다. 그러니까 "그렇게 안하겠다"라고 합니다. 그래서 보아스가 그 땅을 사주고 룻과 결혼도 해 줍니다. 그래서 계속해서 그 가족에게 그 땅이 머물게 합니다. 이것이 기업무름입니다. 이 '기업 무르는 자'를 '고헬'이라고 부릅니다. 자, 고헬이 이런 뜻입니다. "하나님이 나의 고헬이시다." "하나님이 나의 기업 무를 자이시다." 이것이 무슨 말입니까? 내가 인생을 망쳤습니다. 기업을 잃어 버렸습니다. "나의 고헬이 살아 계시니 나의 구속주가 살아 계시니 후일에 그가 땅 위에 서실 것이라." 지금은 보이지 않는 그 분이 언젠가 땅 위에 서실 것이다. "내가 그 분을 볼 것이다. 나의 가죽 이것이 썩은 후에 내가 육체 밖에서 그를 보리라. 내가 그를 보기를 외인처럼 하지 않을 것이다. 내 마음이 초급하구나." 초조하다는 것입니다.

욥은 두 가지의 신앙 고백을 합니다. 그것은 고난을 통해서, 회의를 통해서 깨달은 것인데, "나의 가는 길은 오직 그 분이 아신다. 그 분이 나를 단련하신 후에는 내가 정금같이 나올 것이다." 그러나 "나는 내 가는 길을 모르고 내 가는 길은 하나님이 아시지만 내가 아는 것은 그 분을 안다"라는 것입니다. 이 것이 신앙입니다. 욥이 회의를 통해서 한 단계 성숙해진 신앙의 모습은 바로 이것이었습니다.

회의(skepticism)와 삶의 주도권(Lordship) 문제

여러분, 누가 여러분 삶의 주인입니까? 제가 20대에 계획을 세웠는데 하나도 이루어지지 않았다고 그랬습니다. 제가 그 때 다니던 교회의 한 집사님이 우리 청년회 회장에게 이런 충고를 하시는 걸 들었습니다. "계획을 세우라"라고. "그냥 10년, 20년 계획이 아니라 인생 전체에 걸친 계획을 세우라"라고. "그리고 하나님을 믿고 그 계획을 성취해 나가라"라고. 이 말도 그렇게 틀린 말 같지 않습니다. 그런데 내가 목표를 세우고 하나님이 나를 도와 주셔서 내 목표를 이루라는 이런 식의 삶의 태도는 잘못된 것입니다. 그것이 아니고 우리는 하나님께 여쭈어야 됩니다. 하나님 제 인생의 의미는 무엇입니까? 제가 무엇을 하기를 원하십니까? 하나님께서 저에게 두신 목적은 무엇입니까? 하나님이 주인이심을 인정해야 하는 것입니다.

우리는 내 꿈, 내 목표를 좇아서 사는 자들이 아니고, 사명을 좇아 사는 자들입니다. 하나님이 나에게 맡기신 일이 있다는 걸 믿는 것입니다. 소명을 좇아 사는 것입니다. 하나님이 그 일을 위해서 나를 부르신 그런 일이 있다는 것입니다. 여러분, 그래서 여러분의 인생을 하나님께 맡기십시오. 내일 무슨 일이 일어날지 다 알 수 없습니다. 그래도 괜찮습니다.

제가 욥기를 설교할 때 항상 부르는 찬양이 있습니다. 이것은 제 트래디션(tradition)입니다. 제가 만든 전통입니다. 욥의 이 두 신앙고백 "나의 가는 길을 오직 그가 아시나니" 그 다음에 "내가 알기에는 나의 구속주가 살아 계시니" 이 두 구절을 합한 듯한 가사 내용입니다. 여러분, 우리가 잘 아는 복음성가입니다. '내일 일을 난 몰라요.' 그런데 가사 번역이 조금 다릅니다. 제가 그 찬송을 한 번 여러분에게 불러 드리겠습니다.

"내일 일을 난 모르네. 매일 그 날에 사네.
변함없는 저 태양이 어두워진다 해도
주님 약속 하셨으니 내 앞 길 걱정 없네.
모든 일을 아시는 주 나를 인도하시네.
내게 있을 장래 일들 모두 알 수 없지만
주가 나를 인도함을 나는 확실히 아네."

"내일 일을 난 몰라요. 내 가는 길을 몰라요. 변함없는 저 태양이 어두워진다 해도 그러나 주님 약속하셨어요. 내 앞길 걱정 없어요. 주님께서 내 손을 붙잡고 가시는 것 그것 하나만 알면 됩니다." 이것이 욥이 도달한 신앙의 절정입니다.

이것을 다른 식으로 고백하면 아브라함의 여호와이레의 신앙입니다. 모든 것은 하나님이 준비하셨습니다. 여러분 생각해 보십시오. 지금 여러분이 가지고 계신 모든 것 여러분의 것이라고 할 수 있는 것이 있습니까? 다 하나님이 주셨습니다.

하나님이 다 예비하셨습니다. 모든 것은 하나님이 하십니다. 그래서 우리가 알아야 할 것은 하나님 그 분입니다. 그 분의 신실하심, 그 분의 인자하심, 그 분이 나를 붙잡고 가시는 그 사실만 우리가 믿고 좇아가면 됩니다. 그러면 여호와이레의 삶이 펼쳐질 것입니다. 그럼에도 힘든 일이 있습니다.

여러분, 힘든 일이 없다는 것이 아니고, 때로는 사망의 음침한 골짜기를 지나게 됩니다. 그 때도 주님이 우리를 보호하십니다. 주님은 지금 우리를 조각하고 계십니다. 우리를 당신의 걸작으로 만들고 계십니다. 그래서 우리의 모난 부분을 깎아 내셔야 되고 우리의 거친 부분을 다듬으셔야 됩니다. 여러분, 조각상이 있습니다. 조각가가 끌과 정으로 치고 자르고 합니다. 그 모든 것은 아픔입니다. 그러나 그 모든 과정을 통과한 후에 그 조각은 아주 아름다운 걸작이 되는 것이지요. 하나님이 우리를 지금 그렇게 빚어 가시는 것입니다. 그래서 내게 일어나는 모든 일들이 하나님의 선물이라고 인정해야 합니다. 우리는 다 알지 못하지만 심지어 고난조차도, 어려운 일조차도 힘든 일 조차도 하나님의 뜻 가운데서 일어나는 것입니다. 이 욥이 도달한 신앙의 이 경지, 이 확신, 이곳에 도달하기 바랍니다.

신앙(faith)과 회의(skepticism)의 관계

자, 이제 남은 시간은 이 회의에 대해서 조금 더 생각해 보 겠습니다. 바른 신앙을 갖기 위해서는 회의라는 과정이 꼭 필 요합니다. 굳이 회의를 해야 한다는 말은 아닙니다. 그러나 회 의가 찾아올 때가 꼭 있습니다. 그래서 바른 신앙과 회의의 관 계를 조금 생각해 보겠습니다. 먼저 믿음과 관련된 몇 가지 분 석이 필요합니다. 여러분, 불신이라는 것이 있지요? 불신은 믿어야 할 것을 안 믿는 것, 그게 불신입니다. 그래서 하나님 을 믿어야 되는데 사람들이 믿지 않을 때 우리는 속상하고, 그 불신에 대해서 우리는 화가 납니다. 두 번째는 미신이 있습니 다. 미신은 무엇입니까? 믿지 말아야 할 것을 믿는 것입니다. '화장실 뒤쪽에 무슨 귀신이 있다.' '몽달귀신이 있다.' 이런 식 으로 굳게 믿는 것입니다. 그래서 잘못된 믿음이라고 그것을 믿어서는 안 된다고 해도 믿습니다. 불신이 있고 미신이 있습 니다. 그런가하면 맹신이 있습니다. 맹신은 무엇입니까? 맹목 적으로 믿는 것입니다. 믿을 만한 합당한 근거가 없는데도 무 조건 믿는 것입니다. 그래서 하나님을 믿는 건 좋습니다. 왜냐 하면 옳은 것을 믿는 것이니까요.

그런데 왜 믿느냐고 물어 보면 잘 모릅니다. 그냥 무조건 믿습니다. 저 목사님이 믿으라고 하셨으니까, 우리 어머니가 믿으라고 하셨으니까, 그래서 덮어 놓고 믿는 사람이 있습니다. 이 성경을 덮어 놓고 믿으면 어떻게 됩니까? 까맣잖아요? 이 성경책이 까만 이유가 있습니다. 덮으면 깜깜한 것입니다. 그래서 덮어 놓고 믿지 말고 펴고 믿어야 됩니다. 맹신이라는 것은 결코 좋은 신앙이 아닙니다. 많은 사람들이 맹신이 좋은 신앙이라고 생각합니다. 맹목적으로 믿고, 무조건 믿고, 막무가내로 믿으라고 합니다. 그러나 이 맹신은 굉장히 굳건한 신앙인 것 같지만 굉장히 허약한 신앙입니다. 조금만 충격이 오면 와르르 무너집니다. 그럴 수밖에 없습니다. 근거가 없기 때문입니다. 바른 근거에 기초해서 믿는 믿음이 아니기 때문입니다. 그래서 불신이 있고, 미신이 있고, 맹신이 있는데 이것들은 다 바른 신앙이 아닙니다.

그렇다면 바른 신앙이란 무엇입니까? 바른 신앙이라는 것은 '믿어야 할 대상'을 '믿는 것'입니다. 그러니까 바른 신앙은 믿지 말아야 할 것을 믿는 미신이 아니고, 믿지 않는 불신이 아닌, 믿어야 할 대상을 믿는 것입니다. 거기에 믿어야 할 대상을 '정당한 근거' 위에서 믿는 것입니다. 믿음의 바른 근거가 있는 것입니다.

회의는 언제 찾아오는 것입니까? 바로 이 믿음의 근거가 흔들릴 때 찾아오는 것입니다. 그래서 회의는 불신과 다릅니다. 여러분, 우리는 회의하는 사람을 정죄해서는 안 됩니다. 물론 회의와 불신 사이의 구분이 조금 불명확한 것은 사실입니다. 회의와 불신을 굳이 구분한다면 '회의'는 '믿기 위해서 고민하는 것'입니다. 믿고 싶은데 걸림돌이 있습니다. "나도 믿고자 하는데 안돼요." 이것이 회의입니다. 그러나 '불신'은 '안 믿고자 작정한 것'입니다. 안 믿기로 했기 때문에 믿음의 증거가 제시된다 해도 받아들이지 않습니다. 반면에 회의하는 사람은 믿음의 증거가 제시될 때 그것을 면밀히 검토합니다. 그래서 이 두 태도는 전혀 다른 것입니다.

기독교 세계관(worldview)에 대한 회의

이 회의에 대해서 여러분과 조금 생각을 해 보려고 합니다. 회의에는 크게 두 종류가 있습니다. 첫 번째는 기독교 세계관에 대한 회의입니다. 기독교 교리에 대한 회의, 기독교 진리에 대한 회의입니다. 어느 날 제가 그런 회의를 경험한 적이 있습니다. 모든 답이 성경에 있지 않습니까? 그런데 '성경 자체가 하나님 말씀이라는 걸 어떻게 아는가'라는 질문이 저에게 떠오른 것입니다.

여러분, 도올 김용옥씨를 아십니까? 한국의 언론을 많이 타는 학자인데, 그 분이 쓴 책 중에 최근에 '기독교 성서의 이해'라는 책도 나왔습니다. 그런데 오래 전에 그 분이 쓴 '절차탁마 대기만성'이라는 책이 있었습니다. 그 책은 결국 "기독교의 성경이 하늘에서 뚝 떨어진 경전일 수 없다. 이것은 오류투성이의 인간의 작품이다"라는 내용입니다. 우리가 신학교에 가면 '본문 비평학'(Textual Criticism)을 공부합니다. 그 분의 주장은 하나도 새로울 건 없습니다. 그것은 신학자들이 충분히 검토하고 이야기했던 내용입니다. 그런 것에 근거해서 기독교인들의 신앙을 흔들겠다는 의도로 써낸 책입니다. 저도 '성경이 하나님의 말씀일까?' 그런 고민을 한 적이 있습니다. 이런 것이 세계관적인 회의입니다. 정말 예수님이 부활하셨을까? 지옥이라는 것이 정말 있을까? 여러분, 이런 회의가 들지 않습니까? 이런 회의가 찾아올 때가 있습니다. 이 회의에 대한 제 대답은 이것입니다. 저는 부활을 믿기 때문에 기독교를 믿습니다. 제가 어떻게 기독교를 믿게 되었는가를 생각을 해 보면, 여러 가지 과정과 이유가 있겠지만 결론을 내리면 누군가가 저에게 기독교를 전해 주었기 때문입니다. 복음을 전해 주었습니다.

기독교는 다른 종교와 다릅니다. 다른 많은 종교들의 특성은 깊이 궁구하고, 묵상하고, 수련해야 깨달을 수 있는 진리들을 말합니다. 사실 사람이 그런 식으로, 철학적으로 논구해가게 되면 범신론(pantheism)에 이르게 되는 것이 가장 자연스러운 결과입니다. 자세한 이야기는 지금하기 어렵습니다. 그러나 기독교는 누군가 깨달아 알 수 있는 진리가 아닙니다. 기독교는 역사적인 종교입니다. 역사 속에서 일어난 어떤 사건이 있습니다. 그리고 그 사건이 하나님이 행하신 일이고, 우리를 위한 구원의 사건이라고 믿는 것이 기독교입니다. 이 사건에 대해서는 그 소식을 들어야 됩니다. 누군가 저한테 복음을 전해줘야 됩니다. 이 복음은 무엇입니까? "예수라는 한 사람이 있었다. 이 예수라는 한 사람이 많은 좋은 가르침도 주었고, 기적도 행하였고, 선한 일도 많이 하였는데 비참하게 십자가에 달려 죽게 되었다. 그런데 거기서 끝이 아니고 그가 다시 살아나셨다."

그런데 예수님의 부활은 죽었다가 다시 살아나지만 시간이 흐르면 다시 죽는 회생이 아니었습니다. 부활입니다. 부활(resurrection)과 회생(resuscitation)은 근본적으로 다릅니다. 죽었다가 다시 살아난 사람은 꽤 많습니다. 성경 안에도 예수님이 죽은 나사로도 살리고, 나인성 과부의 아들도 살리고, 회당장 야이로의 딸도 살렸습니다. 그들은 도로 다 죽었습니다. 그것은 부활이 아닙니다. 회생입니다. 그러나 예수님은 다시는 죽지 않는 진정한 생명의 몸으로 다시 살아 나셨습니다. 이 부활이 사실인가에 저는 초점을 맞춥니다. 부활은 사실입니다. 어떻게 압니까? 목격자들이 있습니다. 그 목격자들이 예수님의 부활을 목격하고 이것이 사실이라고 증거한 것입니다. 이 목격자들의 말을 어떻게 믿을 수 있습니까? 그렇게 되면 많은 이야기를 해야 됩니다. 저는 그들의 말을 들었을 때 두 가지로 반응할 수 있습니다. "당신들 거짓말한다. 부활하지도 않았고 지어낸 이야기다"라며 거부할 수 있습니다. 그런가하면 "당신들 말이 맞는 것 같다. 당신들의 변화된 삶을 보니, 당신들의 진실한 모습을 보니, 당신들의 삶에 일어나는 많은 놀라운 일들을 보니, 부활은 사실인 것 같다"라며 믿을 수도 있습니다. 저는 뒤 쪽을 선택했습니다. 저는 그들이 정말 부활이 일어난 것을 목격했다고 믿습니다.

부활이 사실이라면 어떻게 됩니까? 부활이 사실이라면 예수님은 인간 이상의 분입니다. 예수님은 정말 본인이 주장한 대로 하나님의 아들입니다. 그렇다면 하나님의 아들이신 예수님의 모든 가르침을 우리는 진리로 받아 들여야 되지 않느냐 하는 것입니다. 그럴 때, 제가 믿기 어려웠던 다른 점들, 지옥에 대한 교리라든지 여러 가지를 다 믿을 수 있게 되었습니다. 이런 것을 기독교 변증이라고 부릅니다.

세계관에 의심이 올 때, 우리가 기독교가 가르치는 진리, 기독교 세계관에 대해서 의심이 오는 이유는 무엇입니까? 다른 세계관을 갖고 있기 때문에 그렇습니다. 저는 진화론이 옳다는 교육을 받아 왔습니다. 그런데 성경의 창조론을 배우고 보니 진화의 과정은 어떤지 몰라도 다윈이 말하는 것처럼 모든 것이 어떤 목적 없이 우연히 발생하고, 그저 자연 현상으로 설명될 수 있다는 진화론을 저는 받아들일 수 없게 되었습니다. 결국 하나의 세계관이 다른 세계관으로 바뀌어야 하는 것입니다. 이런 회의가 있을 수 있습니다. 이런 회의가 있을 때는 어떻게 하는게 좋을까요? 계속해서 성경을 묵상하시고 또 거기에 관련된 좋은 책들을 읽으십시오.

기독교인들이 무식해서 기독교를 믿는 것은 아닙니다. 세계적인 뛰어난 많은 학자들이 기독교인들입니다. 프랜시스 콜린스(Francis Collins)라는 지놈(genome) 프로젝트를 이끈 과학자가 '신의 언어'(Language of God)라는 책을 써 냈습니다. 이 분은 무신론의 대표인 리처드 도킨스(Richard Dawkins) 하고 논쟁도 했던 사람입니다. 프랜시스 콜린스라는 사람은 유전자 가 하나님의 언어라고 말하는 것입니다. "하나님이 쓰신 것이 다"라고 했습니다. 그래서 똑같은 자연 현상을 보고 어떤 사람 은 믿습니다. 그러나 어떤 사람은 믿지 않습니다. 여기서 믿는 사람은 무식하고 무지 몽매하고 지성이 없고 그런 것이 아닙 니다. 이것은 근본적인 세계관의 문제입니다.

여러분, 제가 여러분에게 말씀드리는 기독교는 믿을만한 충분한 근거가 있습니다. 저는 생각하면 생각할수록 기독교 세계관적인 관점 외에 다른 세계관으로 이 세상과 인생과 삶 을 설명할 수 있을지 참 궁금합니다.

만약에 불교가 옳다면 어떻게 됩니까? 저는 걱정할 것이 없 다고 생각합니다. 불교가 옳다면 제가 다음 생에 윤회할 수도 있을 것이고, 또는 제가 열반하지 못해도, 이 윤회의 사이클에 서 벗어나지 못해도 괜찮습니다. 저는 이 세상이 고해라고 생 각하지 않습니다. 많은 고난이 있지만 세상에는 기쁨도 있고 존재의 이유도 있으며 의미도 있다고 저는 생각합니다. 여러분, 또 다른 종교, 범신론이 옳다면 저는 어떻게 될까요? 저는 괜찮습니다. 범신론이 옳아도 제가 잃을 것이 별로 없습니다.

그러나 만약에 기독교가 옳다면, 성경이 옳다면, 그러면 어떻게 됩니까? 심판이 있습니다. 심판이 있다는 것입니다. 죽은 후에 윤회할 수도 있고, 죽은 것으로 끝날 수도 있고, 아니면 무슨 범신론적 세계 속에서 신의 일부가 될 수도 있고, 심판이 있을 수도 있습니다. 이런 여러 가지 선택 속에서 만약에 기독교가 옳다면 여러분은 어떻게 하시겠습니까?

여러분, 심판대 앞에 서실 준비가 되어 있습니까? 많은 사람들이 왜 예수를 믿어야만 구원을 얻게 하느냐고 항변합니다. 그러나 심판대에서 하나님이 우리를 심판하실 때에 예수 안 믿었다고 지옥에 보내는 것이 아닙니다. 우리의 죄 때문에 우리는 지옥에 가게 되는 것입니다. 그리고 사람들은 자기가 아는 것으로 심판 받습니다. 우리는 모르는 것으로 심판받지 않습니다. C. S. 루이스(Lewis)가 이렇게 말했습니다. "우리는 모두 자기가 옳다고 여기는 바를 끊임없이 어기고 있다"라고. 이것은 보편적 현상(universal phenomenon)입니다. 모든 사람을 보십시오. 자기 양심대로 사는 사람은 아무도 없습니다. 심판대 앞에서, 우리가 의롭게 살아서, 하나님께 용납될 수 없기 때문에 우리는 예수님을 믿는 것입니다. 자, 이런 기독교 세계관적인 회의가 있습니다. 이것도 심각한 회의일 수 있습니다. 그러나 여기에 많은 답변이 주어질 수 있다는 것을 말씀드리고 싶습니다.

하나님과의 관계에서 오는 회의

그 다음 두 번째 회의는 하나님과의 관계에서 오는 회의입니다. 지금 욥이 경험하는 회의는 이 측면입니다. 저는 성경이 하나님 말씀인가 하는 것으로 회의하지 않습니다. 과연 예수를 믿으면 구원 얻는가도 회의하지 않습니다. 천국이 있나, 지옥이 있나, 그런 것도 회의하지 않습니다. 다 받아들입니다. 저는 이 세계는 하나님이 지으신 세계이고 하나님은 살아계시고 이 세계에는 영적 질서가 있다는 것을 믿습니다. 그런 것은 모두 받아들이는데, 제가 가진 회의가 무엇이냐 하면 '하나님이 나를 아실까?'하는 것입니다. '하나님이 나를 받아 주셨을까?'하는 회의입니다. 하나님이 '내 기도를 들으실까?'하는 회의입니다. 그런 것과 더불어 '내가 구원을 받았을까?'하는 의심이 들 때가 있습니다.

여러분, 이러한 관계의 회의를 경험해 보셨습니까? 지금 욥이 경험하는 회의는 이 관계의 회의입니다. 욥은 갑자기 '하나님은 안계시다'라는 결론에 도달한 것이 아니고, '내가 아는 하나님은 이런 분이 아니었는데, 왜 갑자기 하나님이 나에게 얼굴을 가리우시는가'하는 것입니다. 이 관계의 회의가 찾아올 때 어떻게 해야 합니까? '내 영혼의 어두운 밤'(Dark Night of the Soul)이라고 하는 영성에 관련된 고전적 책이 있습니다. 이 책에서는 하나님께서 우리에게 얼굴을 가리우시는 때가 있다는 것입니다.

그래서 책을 읽어도, 성경을 읽어도, 기도를 해도, 찬양을 해도, 예배에 참석을 해도, 어떤 일을 해도, 하나님의 은혜를 체험하지 못합니다. 하나님으로부터 외면당하는 것 같고, 하나님이 얼굴을 숨기시는 것 같고, 버림받은 것 같은, 영혼의 사막 같은, 그런 시기가 있다고 많은 영성가들은 말합니다. 여러분, 마더 테레사(Mother Teresa) 아시지요? 그 수녀님의 사후에 수녀님의 서간을 모아서 책으로 출판된 것이 있습니다. 이 책의 제목은 '와서 나의 빛이 되어라'(Come, Be My Light)입니다. 여기서 테레사 수녀님은 카톨릭 수녀님이기 때문에 자기의 직속상관에게 자기의 영적 상태에 대해서 늘 편지로 자문을 구하고 보고를 합니다. 그러면 그 수녀님의 멘토가 되는 신부님이 격려의 답을 하기도 하고 충고를 하기도 합니다. 그런 제도가 너무 좋은 것 같습니다.

여러분, 멘토가 필요하시지요? 저도 멘토가 필요합니다. 우리가 신앙 생활하면서 이런 문제로 고민이 될 때 누가 나를 도와줄 분이 없을까? 그런데 그 테레사 수녀님이 쓰시는 편지의 내용이 너무 너무 어두운 것입니다. "하나님, 하나님으로부터 나는 너무 멀게 느껴진다"라고. "하나님은 나에게 말씀하시지 않는다"라고. "나는 너무 외롭다"라고. 너무나 처절한 영혼의 울부짖음이 담겨있는 책이어서 많은 사람들은 이렇게 오해할 수 있습니다. 테레사 수녀님은 결국 믿음이 없었다고. 믿지 않는 사람이었다고. 거의 믿지 않는 사람처럼 보일만한 글도 있었다는 것입니다. 그러나 그렇지 않습니다. 지금 욥은 그의 영혼의 어두운 밤을 지나가고 있습니다. 테레사 수녀님도 이 욥과 같은 그런 경험을 할 수 있는 것입니다. 여러분, 어떤 것이 진짜 믿음인지 한번 생각해 보지 않으시렵니까?

고난의 성경적 이해와
'자기 의' 깨뜨리기

"이 땅에 사는 인생에게 힘든 노동이 있지 아니하겠느냐. 그의 날이 품꾼의 날과 같지 아니하겠느냐. 종은 저녁 그늘을 몹시 바라고 품꾼은 그의 삯을 기다리나니. 이와 같이 내가 여러 달째 고통을 받으니 고달픈 밤이 내게 작정되었구나. 내가 누울 때면 말하기를 언제나 일어날까, 언제나 밤이 갈까 하며 새벽까지 이리 뒤척 저리 뒤척 하는구나. 내 살에는 구더기와 흙덩이가 의복처럼 입혀졌고 내 피부는 굳어졌다가 터지는구나. 나의 날은 베틀의 북보다 빠르니 희망 없이 보내는구나. 내 생명이 한낱 바람 같음을 생각하옵소서. 나의 눈이 다시는 행복을 보지 못하리이다. 나를 본 자의 눈이 다시는 나를 보지 못할 것이고 주의 눈이 나를 향하실지라도 내가 있지 아니하리이다"(욥기 7장 1~8절, 개역개정).

이제 고난이라는 주제에 대해서 여러분과 함께 말씀을 나누려고 합니다.

누구도 피할 수 없는 고난

여러분, 고난은 인생의 피할 수 없는 한 측면입니다. 여러분 중에 지금까지 살아오시면서 전혀 고난을 겪지 않으신 분이 계십니까? 고난의 종류와 고난의 크기 정도는 사람마다 다를 것입니다. 그러나 고난이 없는 사람은 없습니다. 그리고 우리가 고난을 이렇게 주제로 삼아서 토론을 한다면 그것은 철학적인 주제가 될 수 있겠지만, 우리의 삶에 일어나는 현실적인 문제로 다룬다면 그것은 실존적인 어려움입니다. 고난이란 나의 문제인 것입니다. 내가 아프고 내가 괴롭고 내가 힘든 것입니다. 그래서 고난에 대해서 성경적인 관점을 바로 정립하는 것이 필요하고, 거기에 특히 욥기가 주는 교훈을 생각해 보려고 합니다. 먼저 상식적인 생각을 해 보겠습니다.

고난에는 여러 종류가 있습니다. 첫 번째는 자기가 자초한 고난입니다. 자초한 고난이란 자기 스스로 그 고난의 길로 들어선 것입니다. 예를 들면, 평생 지나치게 흡연을 많이 했습니다. 그래서 마지막에 폐암에 걸렸습니다. 그런데 "왜 폐암에 걸렸냐"라고, "왜 하나님 나에게 폐암을 주시냐"라고 말할 수 없습니다. 그건 자기가 자초한 것입니다. 음주 운전을 합니다. 술에 취해서 마구 운전을 합니다. 그러다 사고를 내면 크게 다치거나 문제가 생깁니다. 그런 고난은 자초한 고난입니다. 사실 많은 사람들이 고난을 자초하는 그런 삶의 어떤 방식을 취하고 있습니다. 옆에서 보면 그 길로 가면 고난당할 것이 뻔한데 굳이 우기고 그 길로 갑니다. 그리고는 고난을 당하게 되면 남을 원망하고 하나님을 원망합니다. 성경은 그런 사람을 어리석은 사람이라고 말합니다.

두 번째는 고난과 나의 행동사이에는 어떤 직접적인 연결은 없습니다. 그래서 내가 자초한 고난은 아닙니다. 그렇지만 결국 고난의 이유가 나인 경우가 있습니다. 나의 죄로 인해서 하나님이 나를 책벌하시거나, 나를 징계하시는 고난이 있다는 것입니다. 여러분, 구약의 민수기에 모세의 누이 미리암이 모세가 구스 여인을 아내로 취했다고 비방합니다. 그러자 하나님께서 미리암에게 화를 내십니다. 미리암과 아론이 함께 그랬는데 아마도 미리암이 주동자였던 것 같습니다. "너희가 어찌하여 내 종 모세를 어려워하지 않느냐? 너희들이 어찌하여 내 종 모세에게 함부로 행하느냐?" 그리고 "내 종 모세는 내가 얼굴을 대하고 직접 이야기하는 그런 자인데 모세를 무시하고 모세에게 도전하는 것은 곧 나에게 도전하는 것과 같은데"라며 하나님이 책망하십니다. 그러면서 미리암에게 벌을 내리십니다. 미리암이 어떤 벌을 받습니까? 문둥병이 발합니다. 그래서 일주일 동안 진 밖에 나갔다 오게 합니다. 물론 용서해 주셨습니다. 그렇지만 그런 경우는 미리암이 하나님 앞에 범죄하고 벌을 받은 것입니다. 이처럼 우리 죄로 인하여 오는 고난이 있습니다. 미리암이 모세를 비방한 것이 곧 문둥병의 원인은 아닙니다. 그것은 문둥병과 직접적인 관계는 없습니다. 그러나 그 결과로 하나님께서 문둥병을 벌로 주셨다는 것입니다. 이것이 두 번째 종류의 고난입니다.

그 다음에 세 번째 종류의 고난이 있습니다. 이것은 무고한 고난입니다. 왜 내가 이 고난을 당하는지 알 수 없는 그런 고난입니다. 여러분, 저는 교회에서는 이지선 자매님의 간증을 CD로 함께 들은적이 있습니다. 이지선 자매님이 오빠와 같이 차를 타고 가는데 뒤에서 술 취한 차가 들이 받았습니다. 그래서 차의 뒤가 부딪히고, 그로 인해 차의 가스통이 터지고, 차가 화염에 휩싸이면서 절반 이상의 피부에 화상을 입는 그런 고난을 당했습니다. 이것은 이지선 자매님의 잘못으로 자초했던 고난도 아니고, 이지선 자매님의 잘못에 대해서 하나님이 징계하신 고난도 아닙니다. 이것은 정말 무고한 고난입니다. 지금 욥이 겪는 그런 고난입니다.

이러한 세 가지 고난을 우리가 구분할 필요가 있습니다. 첫째, 우리가 자초한 고난이 있습니다. 이 경우는 아무도 원 망할 수 없습니다. 또 우리 죄로 인해서 우리가 징계 받는 고 난이 있습니다. 그런데 우리 잘못으로 징계 받을 때도 우리 가 하나님의 자녀일 때는 그 징계가 고마운 것입니다. 나중 에 더 설명하겠습니다. 그 다음 세 번째는 무고한 고난이 있 습니다.

고난이 오는 이유

자, 이제 이런 고난의 종류를 생각해 보면서 고난이 왜 오 는가를 한번 생각해 보겠습니다. 고난의 문제는 기독교 유신 론, 즉 인격적이고, 선하시고, 전능하신 창조주, 하나님을 믿 는 우리 신앙에 가장 큰 걸림돌이고, 공격을 받는 것입니다.

많은 사람들이 기독교의 하나님을 부인하는 첫 번째 이유 로 내세우는 것이 "정말로 선한 하나님이 계시다면 그리고 정말 전능한 하나님이 계시다면 이 세상에 일어나고 있는 모든 악을 어떻게 설명할 것이냐" 하는 것입니다.

히틀러가 육백만의 유태인을 학살했을 때 하나님은 어디에 계셨느냐고 묻습니다. 유태인만 육백만입니다. 유태인 말고도 너무나 많은 사람이 히틀러에 의해서 희생을 당했습니다. 여러분, 엘리 비젤(Elie Wiesel)이라고 하는 유대인 작가가 있습니다. 영어로는 위젤인데 독일어로는 비젤로 읽습니다. 비젤이 쓴 '밤'(Night)이라고 하는 단편 소설에서는 아우슈비츠로 유대인들이 끌려갑니다. 끌려가는 중에 몇 사람을 교수형에 처하는 장면이 나옵니다. 그런데 그 중에 한 사람은 어린아이였습니다. 교수형은 자기 몸무게에 의해 아래로 내려가는 힘 때문에 목에 맨 밧줄이 숨통을 막아서 질식하여 죽게 되는 사형방법이지요? 그런데 이 어린아이가 몸무게가 많이 나가지 않으니까 질식 상태에서도 죽지 않고 계속 가는 것입니다. 그래서 마구 발버둥을 치고… 그 장면을 보면서 하나님은 어디에 계시냐고 누군가 묻습니다. 그러자 한 사람이 대답합니다. 바로 저기에 목매달려 있다고. 저 소년이 하나님이라고. 아우슈비츠에서 사람을 건져낼 수는 있습니다. 그러나 한 사람의 마음속에서 아우슈비츠를 꺼낼 수 없다는 것입니다.

그 일을 경험한 사람은 그 트라우마 때문에 일생을 아우슈비츠와 더불어 살아가야 합니다. 어떻게 한 인간이 다른 인간에게 그렇게 끔찍한 악을 행할 수 있습니까? 하나님이 사랑이시라면 하나님 도대체 어디 계시느냐고. 하나님이 살아 계신다면 어떻게 이런 일이 일어나느냐는 것입니다. 여러분, 인도네시아를 휩쓴 쓰나미를 기억하십니까? 수십만 명이 한꺼번에 죽었습니다. 우리는 뉴스를 통해서 접하니까 그 현장의 생생함을 알 수 없지만, 그 곳에 자원봉사자로 다녀온 사람들의 이야기를 들어 보면 그 참혹한 실상은 말할 수가 없습니다.

결론적으로 말씀 드린다면 고난은 신비입니다. 고난에 대해서 너무나 쉽게 설명하거나 해답을 제시하는 것은 전혀 도움이 되지 않습니다. 욥기에서 말하는 것도 고난의 이유를 무대 안에서는 욥기의 현실 안에서는 알 수 없다는 것입니다. 우리는 천상의 장면을 모르기 때문에, 에필로그를 아직 모르기 때문에 그래서 결국은 고난은 신비라는 것이 성경의 답입니다. 하지만 조금 생각해 볼 수는 있습니다.

먼저 인간이 저지른 고난입니다. 어떤 악한 인간들이 다른 사람들에게 악을 행할 때, 왜 사람들은 그 문제에 대해서 하나님을 원망하지요? 인간이 저지르고 있는 죄악인데, 히틀러가 저지른 죄악이고, 나치가 저지른 죄악인데, 왜 하나님을 원망하지요? 하나님이 계시다면 그 사람들이 그런 일을 행하도록 내버려 두어서는 안 된다는 그런 이야기겠지요? 거기에 대한 성경의 답이 있습니다. 그 답은 심판입니다. 그래서 심판자가 꼭 계셔야 하는 것입니다. 여러분, 만약에 뒤집어서 이렇게 생각해 보십시오. 심판자가 없습니다. 고난 때문에 하나님이 안 계시다고 한다면 그거야 말로 인생이 가장 허무하고, 무의미하고, 무목적하고, 비참한 것 아니겠습니까? 히틀러가 육백만을 죽였던 일천만을 죽였던 그는 그렇게 살다가 그렇게 죽는 것으로 끝나고 마는 것입니다.

하나님과 우리의 관계는 마땅히 형벌을 받아야 되는 관계가 아닙니다. 하나님과 우리의 관계는 더 이상 주인과 종의 관계가 아니고 아버지와 자녀의 관계입니다. 그래서 우리는 형벌을 받지 않습니다. 우리는 형벌은 받지 않지만 하나님께서 우리를 징계하시는데 그것은 징벌(punishment)이 아니고 훈육(discipline)입니다.

이 훈육은 우리가 저지른 죄의 대가로 하나님께서 주시는

것이 아니고 죄로부터 우리를 건지시기 위해서, 우리를 깨끗
케 하기 위해서, 우리를 온전케 하시기 위해서, 우리를 더 나
은 사람 되게 하시기 위해서 하나님께서 행하시는 일입니다.
그렇기 때문에 훈육을 위한 징계는 고마운 것입니다. 히브리
서 12장 6절에서 11절을 제가 읽어 드리겠습니다.

"주께서 그 사랑하시는 자를 징계하시고 그의 받으시는 아
들마다 채찍질하심이니라 하였으니 너희가 참음은 징계를 받
기 위함이라. 하나님이 아들과 같이 너희를 대우하시나니 어
찌 아비가 징계하지 않는 아들이 있으리요. 징계는 다 받는 것
이거늘 너희에게 없으면 사생자요 참 아들이 아니니라. 또 우
리 육체의 아버지가 우리를 징계하여도 공경하였거든 하물며
모든 영의 아버지께 더욱 복종하여 살려 하지 않겠느냐. 저희
는 잠시 자기의 뜻대로 우리를 징계하였거니와 오직 하나님은
우리의 유익을 위하여 그의 거룩하심에 참예케 하시느니라.
무릇 징계가 당시에는 즐거워 보이지 않고 슬퍼 보이나 후에
그로 말미암아 연단한 자에게는 의의 평강한 열매를 맺나니."
이것이 하나님이 우리에게 고난을 주시는 이유입니다.

우리가 잘못을 저지르면 그에 대한 벌로써, 형벌로써 우리

에게 고난을 주시는 것이 아닙니다. 과거 하나님과 우리가 관계가 율법으로 맺어졌을 때는 그런 관계였습니다. 바울은 이렇게 말합니다. '율법은 종의 관계라'고, 그리고 "너희는 더 이상 종이 아니고 하나님의 아들이라"라고. '하나님의 자녀라'고. 하나님의 자녀는 하나님과 어떤 관계에 있습니까? 율법의 관계입니까? 그것이 아니고 은혜의 관계입니다. 하나님께서 우리를 받아 주셨고, 당신의 아들 예수 그리스도를 통하여 우리의 모든 문제를 해결해 주셨으니, 이제 우리는 하나님의 자녀로서의 당당한 권리와 자격을 가지고 살아갑니다. 그런데도 불구하고 "왜 나를 야단치시나요?" 그럼에도 불구하고 "왜 내 삶에 어려움이 있나요?" 그것은 아들이기 때문이라는 것입니다. "네가 사생아면 하나님이 너를 간섭도 안할 것이다." 우리 속담에도 미운 자식 떡 하나 더 준다는 말이 있지 않습니까? 사랑하는 자식에게는 매를 아끼지 않습니다. 그래서 그 점을 우리는 기억해야 합니다.

고난을 통해 얻는 유익 연단

그렇다면 하나님이 고난이라는 징계를 통하여 우리에게 베푸시는 유익은 무엇입니까? 그것은 우리를 연단하시는 겁니다. 우리를 단련하시고 우리를 변화시키시는 겁니다. 시편

119년 67절과 71절에 이런 말씀이 있습니다. "고난당하기 전에는 내가 그릇 행하였더니 이제는 주의 말씀을 지키나이다. 고난당한 것이 내게 유익이라. 이로 인하여 내가 주의 율례를 배우게 되었나이다."

잠시 후에 제 간증을 조금 말씀 드리겠습니다. 그런데 이 말씀을 읽을 때 저는 백퍼센트 아멘입니다. "고난당하기 전에는 내가 그릇 행하였더니 이제는 주의 말씀을 지키나이다. 고난당한 것이 내게 유익이라. 이로 인하여 내가 주의 율례를 배우게 되었나이다." 로마서 5장 2절에서 4절에 이런 말씀이 있습니다. "또한 그로 말미암아 우리가 믿음으로 서있는 이 은혜에 들어감을 얻었으며 하나님의 영광을 바라고 즐거워하느니라. 다만 이뿐 아니라 우리가 환난 중에도 즐거워하나니 이는 환난은 인내를, 인내는 연단을, 연단은 소망을 이루는 줄 앎이로다." 로마서 5장 1,2절에는 칭의의 결과가 나옵니다. "그러므로 우리가 믿음으로 의롭다 하심을 얻었은즉" 이렇게 시작을 합니다. 우리가 예수님을 믿고, 그 믿음 때문에 하나님으로부터 의롭다함을 받았다면, 이것이 칭의(Justification)입니다.

우리가 칭의되었다(Justify)면, 하나님이 우리를 의롭게 여겨 주셨다면, 어떤 결과가 뒤따르는가, 바울은 세 가지를 말합니다. 첫 번째는 "우리가 평화를 누리고 있다"라는 것입니다. 하나님과 우리의 관계가 더 이상 원수의 관계가 아니고, 불화한 관계가 아니고 평화스러운 화목한 관계가 되었다는 뜻입니다.

두 번째는 "우리가 하나님의 은혜 안에 믿음으로 들어가서 서있게 되었다"입니다. 조금 전에 제가 이야기한 대로 더 이상 하나님과 우리의 관계가 율법과 종의 관계가 아니고, 은혜와 자녀의 관계로 바뀌었다는 것입니다.

세 번째로 "우리가 하나님의 영광을 바라고 즐거워하느니라"라는 말을 했습니다. 지금 우리에게는 장차 올 영광의 소망이 있다는 것입니다. 그리고 그 소망 때문에 지금 우리가 기뻐하고 즐거워할 수 있습니다.

이 말을 한 후에 이 유명한 말씀이 나옵니다. "우리가 환난 중에도 즐거워하나니 이는 환난은 인내를, 인내는 연단을, 연단은 소망을 이루는 줄 앎이로다." 여러분, 우리는 소망이 있습니다. 예수 믿는 사람은 하나님의 영광을 바라고 즐거워합니다. 그것이 성경적인 답입니다.

그런데 실제 우리는 그렇게 하지 않습니다. 그것이 사실이라는 것은 압니다. 예수님이 다시 오시면 우리를 완전히 영화스럽게, 영광스러운 존재로 바꾸어 줄 것이고 주님과 함께 영원한 영광 속에 거하도록 우리를 이끌어 주실 것입니다. 우리가 그 사실을 배워서 압니다. 그러나 좀처럼 그 사실을 우리는 생각하지 않습니다.

우리가 정말 바라는 소망은 무엇입니까? 우리 소망은 너무 이 세상에 국한되어 있습니다. 눈앞의 것에 국한되어 있습니다. "장사가 좀 잘 되었으면, 사업이 잘 되었으면, 내가 바라는 것 그렇게 큰 것이 아닙니다. 자녀들 대학공부 시킬 수 있고, 노후대책 좀 안전하게 세울 수 있는 그 정도 바라는 것입니다. 이게 욕심입니까? 목사님." 저한테 이렇게 물을 수 있습니다. 저한테 그런 질문을 하면 저는 사실 대답하기가 참 어렵습니다. 저는 이렇게 대답할 수밖에 없겠습니다. "욕심이 아닌 것 같은데요." 그렇지만 그게 우리 소망의 전부입니까? 기껏 예수 믿고 하나님의 자녀가 된 우리가 바라는 것이 사업 안정되고, 우리 자녀들 좋은 대학가고, 건강해서 오래 오래 사는 것입니까? 그래서 우리 예수 믿는 사람들도 이런 비신앙적인 말을 종종 합니다. "참 안타깝다"라고. "고생 고생하더니 이제 좀 살만하니까 하나님께서 불러 가셨다"라고. 마치 이 세상에서 누려야 될 많은 낙이 있는데 그 낙을 누리지 못하고 하나님 품으로 간 것이 얼마나 속상하냐는 듯이 말입니다. 우리가 웃지만 사실 우리가 그런 말 하지 않습니까?

그런데 환난을 겪게 되면 어떻게 됩니까? 환난을 겪게 되면 믿음이 있는 사람은 인내합니다. 환난이 와도 하나님을 원망하거나 믿음을 내팽개치거나 하지 않습니다. 끝까지 믿음을 붙잡으려고 합니다. 그래서 환난은 인내를 낳습니다. 인내를 통과하게 되면 연단을 받게 됩니다. 이 연단(proven character)이란 우리 성품이 변화되는 것을 말합니다. 우리 성품이 잘 단련되어서 이제 품질이 보증되는 상태인 것입니다.

그래서 연단을 받으면 연단은 무엇을 낳습니까? 소망을 낳습니다. 저는 이 구절을 "비로소 우리가 진짜 소망을 붙들게 된다"라고 해석합니다. 환난을 겪으면서 그 환난을 인내를 가지고 통과하는 사람들은 그들의 믿음이 연단을 받게 됩니다. 그러면 그들의 바라는 내용이 달라집니다. 더 이상 이 세상의

것을 추구하지 않습니다. 육신의 정욕, 안목의 정욕, 이생의
자랑, 이런 것이 너무 좋지만 이를 악물고 버리려는 것이 아니
라, 그런 것이 너무 허무하다는 것을 뼈저리게 압니다. 이제
우리의 시선은 이 세상을 바라보지만 항상 그 너머의 하나님
을 바라보게 됩니다. 장차 올 영광을 바라봅니다. 그래서 우리
는 거룩함을 사모하게 됩니다. 사람들한테 인정받는 것, 사람
들이 칭찬해 주는 것, 그런 것에 더 이상 급급해 하지 않습니
다. 사람들은 몰라줘도 괜찮습니다. 주님 앞에서 산다는 확신
이 있습니다. 이렇게 소망이 바뀌는 것입니다.

우리 믿음이 어떤지를 어떻게 압니까? 그것은 우리의 소원
이 무엇인가를 물어보면 압니다. 우리가 가장 갈망하는 것이
무엇입니까? "사업 성공하게 해 주세요. 우리 남편 승진하게
해 주세요. 우리 아이들 좋은 대학 진학하게 해 주세요." 이런
것은 예수 안 믿는 사람도 똑같이 바라는 것입니다. 우리 소망
이 고작 그런 것입니까? 하나님께서 우리에게 주시고자 하는
것이 고작 그런 것입니까? 그런 기복주의의 수준에 우리가 머
물러야 하겠습니까? 그것이 아닙니다. 예수 믿는 우리에게 소
원을 묻는다면, "내 구주 예수를 더욱 사랑, 주님 더욱 사랑하
고 싶습니다. 주님 더욱 알고 싶습니다. 주님 더욱 닮고 싶습

니다. 저는 거룩함을 사모합니다. 하나님의 의로우심을 본받고 싶습니다." 이런 것이 우리의 소원이라고 해야 한다는 것입니다. 고난은 그렇게 되도록 우리를 변화시키고 연단하는 유익을 가져다줍니다.

자, 이러한 내용을 욥에게 적용해 봅시다. 욥은 그가 받은 고난을 통해서 어떤 유익을 얻게 되었는가? 먼저 우리가 생각해 볼 것은 욥이 겪은 고난은 무고한 고난이었습니다. 욥은 자기가 자초한 고난이 아니었지요? 또 욥은 죄로 인해서 받은 징계도 아닙니다. 욥의 고난은 무고한 고난이었지만, 하나님께서 단순히 자신의 명예를 지키기 위해서 "욥아, 네가 아파도 좀 참아라. 네가 괴로워도 좀 참아라"라는 뜻으로 허락하신 고난이 아닙니다.

하나님께서 욥이 고난을 당하도록 허락하신 것은 욥의 유익을 위함이었습니다. 우리 하나님은 그런 분이십니다. 우리에게 일어나는 어떤 일도 하나님이 모르는 채 일어날 수 없습니다. 우리에게 일어나는 그 어떤 비극적인 일도 나중에 주님 앞에 가면 아름답게 바뀌어 있을 것입니다.

팀 켈러(Timothy Keller) 목사는 뉴욕 맨하탄에 있는 리디머 장로교회(Redeemer Presbyterian Church) 목사님이신데, 그 분이 쓴 '하나님을 말하다'(Reason for God)라는 책이 있습니다. 이 책이 너무 좋아서 제가 만나는 분들에게 많이 추천하는데 책 안에서 이런 말을 합니다. "우리가 지금 당하는 많은 아픔과 슬픔과 고난이 어떤 식으로 이루어질지는 모르지만 우리가 하나님께 갈 때 하나님께서 다 갚아 주신다." 우리가 흘린 눈물, 너무나 괴로워서 밤새 몸부림치며 아파했던 우리의 마음, 아픔, 그 모든 것을 하나님은 위로해 주시고 갚아주실 거라고 합니다. 그런 날이 올 것입니다. 하나님께서 욥의 유익을 위해서 고난을 허락하셨는데, 욥은 과연 그 고난을 통과하면서 연단을 받습니다. 욥은 순전하고 정직하여 하나님을 경외하고 악에서 떠난 자였습니다. 그렇지만 욥이 완전한 사람은 아니었습니다.

욥의 문제 '자기 의'

욥의 문제는 무엇일까요? 욥의 문제는 '자기 의'였습니다. 자기 의, 이 자기 의처럼 우리 신앙생활에서 극복하기 어려운 문제가 없습니다.

욥기 29장 1절부터 17절까지 보겠습니다. "욥이 풍자하여 이르되, 나는 지난 세월과 하나님이 나를 보호하시던 때가 다시 오기를 원하노라. 그 때에는 그의 등불이 내 머리에 비치었고 내가 그의 빛을 힘입어 암흑에서도 걸어 다녔느니라. 내가 원기 왕성하던 날과 같이 지내기를 원하노라 그 때에는 하나님이 내 장막에 기름을 발라 주셨도다. 그 때에는 전능자가 아직도 나와 함께 계셨으며 나의 젊은이들이 나를 둘러 있었으며, 젖으로 내 발자취를 씻으며 바위가 나를 위하여 기름 시내를 쏟아냈으며, 그 때에는 내가 나가서 성문에 이르기도 하며 내 자리를 거리에 마련하기도 하였느니라. 나를 보고 젊은이들은 숨으며 노인들은 일어나서 서며, 유지들은 말을 삼가고 손으로 입을 가리며, 지도자들은 말소리를 낮추었으니 그들의 혀가 입천장에 붙었느니라. 귀가 들은즉 나를 축복하고 눈이 본즉 나를 증언하였나니. 이는 부르짖는 빈민과 도와 줄 자 없는 고아를 내가 건졌음이라. 망하게 된 자도 나를 위하여 복을 빌었으며 과부의 마음이 나로 말미암아 기뻐 노래하였느니라. 내가 의를 옷으로 삼아 입었으며 나의 정의는 겉옷과 모자 같았느니라. 나는 맹인의 눈도 되고 다리 저는 사람의 발도 되고, 빈궁한 자의 아버지도 되며 내가 모르는 사람의 송사를 돌보아 주었으며, 불의한 자의 턱뼈를 부수고 노획한 물건을 그

잇새에서 빼내었느니라."

무슨 이야기입니까? 욥이 자기 의로 충만했습니다. 욥이 전심으로 하나님을 좇아 살려고 했던 것은 사실입니다. 그러나 그 사실을 욥이 의식하고 있었습니다.

여러분, 마태복음 25장을 기억하십니까? 거기에 세 개의 유명한 비유가 나오지요? 열 처녀의 비유, 달란트의 비유, 그리고 양과 염소의 비유가 나옵니다. 주님께서 마지막 날에 온 민족을 심판하십니다. 그럴 때 양은 주님의 오른 편에, 염소는 주님의 왼편에 구분하셔서 심판하십니다. 그런데 양들에게 주님이 어떤 말씀을 하십니까? "너희는 내가 굶주렸을 때에 먹을 것을 주었고 내가 목말랐을 때에 마실 것을 주었으며 내가 갇혔을 때에 찾아봐 주었고 내가 병들었을 때에 나를 돌아봐 주었다"라고 하십니다. 그러자 그 의인들이 무어라고 답합니까? "주여 우리가 어느 때에 그렇게 했습니까"라고 합니다. 진정한 의는 자기의 의를 모르는 것입니다. 진정한 의는 자기가 의롭다는 것을 모르는 것입니다. 물론 욥이 빠져 있는 자기 의를 우리가 너무 쉽게 공격해서는 안 됩니다. 우리가 늘 기억해야 할 것은 욥은 하나님이 인정하신 사람이었습니다.

자기 의에는 두 종류가 있습니다. 여러분, 누가복음 18장에 나오는 비유에 이런 내용이 있습니다. 세리와 바리새인 두 사람이 성전에 기도하러 올라갔습니다. 그런데 세리는 감히 하늘을 우러러 보지 못하고 가슴을 치면서 "주여 나를 불쌍히 여기시옵소서. 나는 죄인이로소이다." 이렇게 기도했습니다. 반면에 바리새인은 어떻게 기도했습니까? 하늘을 우러러 두 팔을 벌리고 큰 소리로 기도합니다. "나는 저 세리와 같지 않음을 감사합니다. 나는 일주일에 이틀씩 금식하고 소득의 십일조를 드렸나이다." 주님께서는 "이 둘 중의 누가 하나님 앞에 의롭다함을 받고 내려갔겠느냐? 당연히 세리다" 라고 말씀하셨습니다.

우리는 '자기 의'하면 이런 바리새인의 의를 생각합니다. 바리새인들은 자기의 의를 자랑하기 위해서 사람들에게 보이기 위해서 별 희한한 일을 다 했습니다. 그 당시 문헌에 보면 피흘리는 바리새인이라고 있었습니다. 들어보셨습니까? 여러분, 바리새인들이 길 가다가 기도한다고 눈을 감습니다. 그래서 부딪혀서 이마가 깨져 피가 나옵니다. 피를 흘리면 더 경건한 것입니다. "나는 피흘림을 무릅쓰고 기도했다." 뭐 이런 것입니다. 남에게 보이려는 이런 자기 과시, 이런 종류의 자기의, 교회에도 그런 모습이 얼마나 많습니까? 그래서 너무 열심히 봉사를 하지만 덕이 안 됩니다.

사람들은 느낍니다. 저 사람은 자기 자랑을 너무 많이 하고, 자기를 드러내려 하고, 자기주장을 하려고 한다는 것을. 욥의 자기 의는 이런 차원의 자기 의가 아닙니다. 욥의 자기 의는 이런 바리새인의 위선적이고 껍데기 같은 자기 의를 말하는 것이 아닙니다. 그러나 욥이 처해 있는 자기 의는 더 위험합니다. 왜냐하면 욥은 전심으로 하나님 앞에서 살려 했기 때문입니다. 하나님 앞에서 바로 살려고 하면 할수록 이 자기 의는 더 교묘해 지고 더 위험해 지는 것입니다. 욥은 마음 깊은 곳에 '하나님, 당신은 아시지 않습니까'하는 태도가 있었습니다. '하나님, 당신은 아시지 않습니까? 나의 결백, 나의 무죄, 나의 의를 당신은 아시지 않습니까'하는 것입니다. 이것은 하나님을 관념적으로 알고, 이론적으로 알고, 신학 지식적으로 아는 것보다는 훨씬 깊은 차원이지만 여기서 멎어서는 안 됩니다. 한 걸음 더 나아가야 됩니다.

로이 헷손(Roy Hession)이라는 제가 아주 존경하는 저자가 있습니다. 그 분이 쓴 책에 "갈보리 언덕", 영어로는 "Calvary

Road"라는 책이 있습니다. 제가 지금까지 가장 많이 추천한 책이라고 생각이 됩니다. 그런데 이 책은 깨어짐(brokeness)에 관한 것입니다. 이 책의 다음에 나온 두 번째 책에서 로이 헷손이 이런 말을 합니다. 우리의 죽어야 될 자기는 무엇인가? 우리가 자기에 대해서 죽어야 되는데 우리의 죽어야 될 자기는 무엇인가?

그 분이 세 가지를 들었습니다. 자기 의지(Self-will), 자기 노력(Self-effort), 그리고 자기 영광(Self-glory)입니다. 그런데 제가 그 책을 읽는 순간 그 세 가지가 저의 문제라는 것을 알았습니다. 저는 생각의 모든 출발이 제 뜻에서 출발합니다. 나는 무엇을 하고 싶어 하는가? 내가 원하는 것은 무엇인가? 내 생각은 무엇인가? 항상 나로부터 출발합니다. 근원적인 자기 중심성입니다. 그래서 그 다음에는 내가 목표를 세우고 내 뜻을 관철시키고 싶어 합니다. 그 방법이 무엇입니까? 자기노력입니다. 내 힘으로, 내가 모든 수단과 방법을 다 동원하고 강구해서 목표를 이루고 싶어 합니다. 그 다음에 세 번째는 무엇입니까? 궁극적인 목표가 무엇인가입니다. 얻고자 하는 궁극적인 결과는 무엇인가 하는 것입니다. 내가 영광 받고 싶은 겁니다. 그래서 자기 의지(Self-will), 자기 노력(Self-effort), 그리고 자기 영광(Self-glory)이 우리 자아의 실상이라고 그 분이 지적했습니다.

그런데 제가 욥기를 묵상하고 난 후에 하나를 더하게 되었습니다. 이 '자기 의'(Self- righteousness)보다 더 극복하기 힘든 이 '자기 중심성'은 없습니다. 하나님을 위해서 살려고 하면 할수록 이 유혹은 더 커지고 더 강해집니다. 여러분, 그 모든 선하고 고귀한 것 앞에 셀프(Self)를 붙여 보십시오. 그러면 그것은 가장 왜곡되고 변질되고 타락한 것이 됩니다. 여러분, 영광을 추구하는 것, 글로리를 추구하는 것은 좋은 말입니까? 나쁜 말입니까? 로마서 2장에 보면, 좋은 말로 되어 있습니다. "참고 선을 행하며 영광과 썩지 아니할 것을 구하는 자에게는 하나님께서 영광으로 갚아 주신다"라는 말씀이 있습니다. 그래서 '영광을 구한다'라는 말은 좋은 말입니다. 그런데 그 영광 앞에 셀프를 붙여 보십시오. 자기 영광을 구한다. 금방 변질됩니다. 영광이 고귀하면 고귀한 것일수록 그 앞에 자기가 붙을 때 그것은 더욱 타락한 것이 됩니다. 그래서 자기 의가 가장 문제인 것입니다. 의는 얼마나 아름다운 것입니까? 의라고 하는 것은 가장 고귀한 것입니다. 하나님의 뜻과 하나님의 심성에 완전히 일치하려고 하는 것, 하나님이 정말 기뻐하시는 것, 그것이 의입니다.

그런데 그 의 앞에 자기가 붙을 때 자기 의, 즉 그것이 '나의 것'이라는 것입니다. 하나님을 기쁘시게 하는 그 자질, 그 조건, 그 요건이 자기에게 있다고 생각하는 것입니다. 자기가 그처럼 똑바르고 올바르고, 자기가 옳고 확실하고, 자기가 정확한 사람이라는 그런 이야기입니다. 이 '자기 의'는 하나님과의 관계에서 치명적인 것이 됩니다. 이것이 깨져야 됩니다.

욥은 자기도 모르게 '자기 의'에 빠지게 되었습니다. 욥은 하나님을 마음 중심으로 섬겼는데 하나님께서 뜻을 밝히지 않으신 채로 고난을 주시자 어디로 돌아갑니까? 자기가 행한 일로 돌아갑니다. "내가 지금까지 주님을 위해 이렇게 살아 왔는데 주님께서 이제 나에게 얼굴을 이렇게 바꾸실 수 있습니까" 하는 태도로 가는 것입니다. 그러나 욥의 자기 의라는 것은 아까도 말씀드렸지만 바리새인의 자기 의하고는 차원이 다릅니다. 하나님을 정말 자기의 중심에서부터 사랑했기 때문에 그 위험성이 더 큰 것입니다.

욥은 고난을 통과하면서 마지막에 자기 의까지 버리는 것을 배우게 됩니다. 그 결론을 제가 읽어 드리겠습니다. 42장 1절부터 6절입니다. "욥이 여호와께 대답하여 가로되 주께서는 무소불능하시오며 무슨 경영이든지 못 이루실 것이 없는 줄 아오니 무지한 말로 이치를 가리우는 자가 누구니이까. 내가 스스로 깨달을 수 없는 일을 말하였고 스스로 알 수 없고 헤아리기 어려운 일을 말하였나이다. 내가 말하겠사오니 주여 들으시고 내가 주께 묻겠사오니 주여 내게 알게 하옵소서. 내가 주께 대하여 귀로 듣기만 하였삽더니 이제는 눈으로 주를 뵈옵나이다. 그러므로 내가 스스로 한하고 티끌과 재 가운데서 회개하나이다."

그 앞에 40장 3절에 또 이런 말이 나옵니다. "욥이 여호와께 대답하여 가로되 나는 미천하오니 무엇이라 주께 대답하리이까. 손으로 내 입을 가릴 뿐이로소이다. 내가 한두 번 말하였사온즉 다시는 더하지도 아니하겠고 대답지도 아니하겠나이다." 욥은 비로소 배웠습니다. 욥이 무엇을 배웠느냐하면 하나님께서 하나님이 하시는 일을 욥에게 설명하시지 않아도 된다는 사실을 배웠습니다. 욥은 비로소 "주신 자도 여호와시오. 취한 자도 여호와시라"라고. 여호와께로부터 우리가 복도 받을 수 있고, 재앙도 받을 수 있다고. 욥은 하나님의 하나님 되심을 인정했지만, 그럼에도 불구하고 자기가 하나님을 위해서 살았다고 하는 자기 의 때문에 하나님께서 자신을 어떤 방식으로 대하셔야 한다는 그런 자기의 주장이 있었습니다. "왜 하나님 나에게 대답하지 않으시냐"라고, "하나님 왜 얼굴을 가리우시냐"라고, "왜 하나님 나에게 이유를 밝히지 않으시냐"라고, "왜 까닭 없이 나를 치시냐"라고. 그런데 욥이 배운 것이 무엇이냐 하면 하나님은 그 이유를 욥에게 말씀하시지 않아도 되는 분이라는 것입니다. 하나님은 그것보다 더 크신 분입니다. 욥이 이제는 "더 이상 나 말하지 않겠다"라고, "내 입을 가리겠다"라고, "내가 한두 번 말을 했는데 내가 모르고 한 말이었다"라고, 하나님 앞에서 회개하게 됩니다.

욥이 고난을 통해 얻은 유익 – '자기 의' 깨뜨리기

제가 지금부터 설명하려고 하는 것은 고난이 주는 유익, 특별히 욥이 고난을 통해서 얻게 된 유익은 무엇인가 하는 것입니다. 앞에서는 그것을 일반적으로 연단이라고 말씀드렸습니다. 그런데 그것을 좀 더 구체적으로 설명하자면 그것은 깨어짐(brokenness)입니다. 여러분, 하나님은 우리의 자아를 깨뜨리시기 위하여 우리에게 고난을 주십니다.

여러분, 자아가 깨어져 본 적이 있습니까? 정말 한번 하나님 앞에 완전히 무너져 본 적이 있습니까? 아니면, 하나님을 믿노라고 하면서도 하나님만을 온전히 의지하지 않고... 너무나 많은 쓰레기(garbage)가 우리 옆에 있습니다. 우리 집안이 기독교 집안이니까. 우리 아버지가 장로님이고, 우리 어머니가 권사님이고, 나는 어려서부터 기독교 가정에서 자랐으니까. 아니면 내가 지금까지 얼마나 많은 구제사업을 했는데라며 자랑합니다. 또 어떤 사람은 심지어 평생 새벽기도 안 빠진 것이 큰 자랑입니다. 저는 그런 자랑을 할 거라면 차라리 새벽기도에 빠지라고 말하고 싶습니다. 그런 의식, 우리가 무엇을 했다는 의식, 그런 것이 우리 머릿속에 남아서 우리 자아가 시퍼렇게 살아 있습니다. 여러분, 우리들의 자아가 얼마나 시퍼렇게 살아 있는지, 그것을 보실 수 있어야 됩니다.

제 간증을 조금 하겠습니다. 저는 20대 초반부터 청년회 활동도 하면서 굉장히 열심히 신앙생활 했습니다. 그리고 또 대학에 다니면서 "나는 대학 졸업하면 신학교 갈 것이다"라는 이야기를 했기 때문에 교회 목사님들로부터 사랑도 많이 받았습니다. 전도사님이 이끄시는 성경공부 그룹에서 성경 공부할 때는 남보다 좀 더 빨리 대답하고, 그러니까 "아, 저 청년은 믿음이 좋다. 하나님께서 쓰시려고 준비하시는 것 같다"라는 칭찬도 듣게 되었습니다. 제가 그런 분위기 속에서 청년회 모임에서 리더 역할을 하고 열심을 내다보니까 저도 모르게 자꾸 교만해 졌습니다. 제가 무엇을 할 때 정말 주님을 사랑하고 주님을 본받고 주님의 뜻대로 행하기보다는, 주님을 빙자하여 제 영광을 얻고 싶은 마음이 자꾸 커지는 것입니다. 그래서 그 때 저는 이런 마음까지 있었습니다. '빌리 그레이엄(Billy Graham)이 지금껏 역사상 가장 많은 복음을 전했다고 하는데 나도 빌리 그레이엄 못지않게 많은 사람에게 복음을 전해 봐야지' 이런 마음이 정말 복음을 전하겠다는 마음일까요? 당연히 아닙니다. 하나님을 위한 마음일까요? 당연히 아닙니다. 다만 위대한 인물이 되고 싶은 자기 욕심일 뿐입니다. 제가 그런 욕심을 가졌었는데, 한 번은 제 친구 책상에 붙어 있는 표어를 보고 기겁을 했습니다. 이 친구의 목표는 65억에게 복음을 전하는 것이었습니다. 그 당시 전 세계 인구가 60억이었습니다. 그러니까 앞으로 늘어날 인구까지 포함해서 65억 인구에게 복음을 전하겠다는 것이었습니다. 하나님이 부탁하시지 않으셨습니다. 하나님이 "너 65억에게 복음을 전하라"고 명령하시지도 않았고, 당부하지도 않았습니다. 그것은 모두 우리의 허영입니다. 그래서 저보다 더 허영심이 많은 친구를 보고 저는 스스로 깨달았습니다. 그것이 욕심인 것을. 제가 그 친구를 구박하며 정신 차리라고 했는데, 아무튼 그런 허황된 욕심이 제 안에 있었습니다. 그것을 제가 압니다. 제가 아는데도 그렇게 잘난 체를 하고 싶은 것입니다. 그렇게 나서고 싶은 것입니다.

그 당시 우리 청년회에서 주님의 로드십(Lordship)에 대해 많이 공부하고, 진정한 순종에 대해 많이 공부했는데 그것이 잘 안 되는 것입니다. 순종하는 척, 누구보다도 잘 믿는 척은 하겠는데, 이름 없이 빛도 없이 주님을 섬기겠는가? 그것은 말로는 하겠지만 이름도 있어야 되고 빛도 있어야 됩니다. 제가 다 얻어야 됩니다. 그게 아무리 애써도 안 되었습니다. 그래서 성령님께서 제 안에서 탄식하시면서 그 점을 보게 하셨습니다. 어느 날 차를 타고 어디로 가고 있었는데 차안에서 이런 기도를 했습니다. "하나님, 정말 저는 하나님이 원하시는 사람이 되고 싶습니다. 저는 하나님이 기뻐하시는 사람이 되고 싶습니다. 그러나 제 힘으로는 안 됩니다. 제 속에 있는 이 허영, 제 속에 있는 이 욕심, 제 속에 있는 이 교만을 제가 끊을 수가 없습니다. 그러하오니 하나님 어떤 매를 드시더라도 좋사오니 저를 주님이 원하시는 사람으로 만들어 주십시오." 그런 기도를 제가 드렸습니다.

　그 후에 시간이 좀 지나서, 1987년 여름에 한국을 방문했는데 몸이 많이 굳어지는 이상한 증상을 경험했고, 한국에서 돌아온 후에 병원에 가서 검사해 보니까 콩팥이 완전히 망가져서 신장투석을 해야 한다는 검사 결과가 나왔습니다. 저는 처음에는 아주 의연하게 신장투석을 했습니다. 처음에는 잘 견뎌 내는 것처럼 보였습니다. 그런데 시간이 지나면서 의연함이 사라져 갔습니다. 신장투석은 일주일에 세 번씩 병원에 가서 한 번에 거의 네 시간씩 피를 거르는 일입니다. 저는 그런 일을 하면서 대학은 졸업했지만 신학교에 가지 못하고, 아무 것도 하지 못하는 채로 그냥 일주일에 세 번 병원에 왔다 갔다 하면서 그렇게 살아야 했습니다. 신장투석을 하니까 평소에는 없었던 여러 이상한 현상들이 저에게 일어났습니다. 네 시간씩 한 자리에 고정되어 있는 것이 심리적으로 저에게 심한 압박감을 주었던 것 같습니다.

　여러분, 점핑 레그(jumping leg)라는 것을 아십니까? 다리가 자꾸 부들부들 떨리고, 가만히 있을 수가 없습니다. 그래서 일어나서 자꾸 걸어야 됩니다. 가만히 있으면 다리가 마구 떨려서 이상했습니다. 잠을 자고 난 그 다음 날도 또 그랬습니다. 친구와 함께 식당에 가서 식사를 하다가는 가만히 있을 수가 없어서 친구한테 일어나서 좀 걷겠다고 했습니다. 그리곤 친구한테도 물어봤습니다. "너는 가만히 있을 수 있냐?" 그랬더니 친구는 "가만히 있지, 왜 너처럼 움직이냐"라고 반문했습니다.

나중에 간호사한테 이야기했더니 그것이 불안장애 (restlessness)라고 하면서 저에게 신경안정제를 주었습니다. 그런데 그거 한 알 먹고 다 없어졌습니다. 그리고 몸에 쥐가 났습니다. 그런데 배에 쥐가 났습니다. 다리에 쥐가 나는 것은 우리가 많이 경험하지 않습니까? 배에 쥐가 나면 숨을 쉴 수가 없습니다. 아무튼 그런 이상한 일들을 경험하면서, 처음에는 제가 믿음이 좋은 척 했는데 시간이 지나가면서 분노가 치밀어 올랐습니다. "Why me?"하는 질문이 제 마음 속에 생겼습니다. "하나님, 왜 저에게 이런 고통을 주십니까?" "하나님, 왜 제가 이런 일을 당해야 합니까? 제가 뭘 그렇게 크게 잘못했습니까?" 저는 욥과 비교할 수 있는 인물도 아니었지만, 욥비슷한 흉내를 내었습니다. 그러면서 하루하루 지나가는데, 제가 어떤 상태가 되었냐 하면, 호프레스(hopeless) 헬프레스 (helpless)한 상태가 되었습니다. 제 스스로 할 수 있는 일이 하나도 없었습니다. 신장 이식수술 신청을 해 놓은 상태인데 언제 수술할지 알 수 없었고, 기계에 매달려 살아가는 것이고, 제 스스로 장래를 계획할 수도 없고, 제가 무슨 노력을 한다고 달라지는 상황도 아니었습니다. 여러분, 그 헬프레스, 호프레스한 상황에 놓여 보신 적이 있습니까?

우리의 자아는 웬만해서는 죽지 않습니다. 가장 힘든 상황 속에서도 우리는 우리가 해야 될 일, 할 수 있는 일, 우리가 어떻게 하면 이 상황을 헤쳐 나갈 수 있을까를 끊임없이 연구하고 강구합니다. 그래서 돈이 부족하면 '누구에게 얼마를 꾸고 어떤 방식으로 하고 이렇게 해결해야지'하거나, 아니면 다른 어떤 방법을 찾습니다. 그런데 제가 처한 상태는 그런 모든 방식이 통하지 않는 상황이었습니다. 헬프레스하고 호프레스 했습니다. 헬프레스하고 호프레스한 상황에 처하면 무엇에 의지하게 되는 줄 아십니까? "하나님, 나를 불쌍히 여기시옵소서 (Have mercy on me)." 하나님의 긍휼, 하나님의 자비, 그 자비의 손길 하나 밖에는 구할 것이 없게 됩니다. 그러면서 제 자아가 많이 깨어지기 시작했습니다.

제가 세웠던 그 수많은 계획, 제가 품었던 수많은 목표들,

그 모든 것이 얼마나 처음부터 끝까지 자기중심적이었는지, 입만 열면 하나님의 영광을 위해 살겠다고 외치지만 끊임없이 "내 영광을 구하고, 내 생각, 내 의, 나는 의롭고 나는 옳아요 (I'm righteous. I'm right)" 그것에 너무나 사로잡혀 있었던 제 모습을 보게 되었습니다. 하나님께서는 저를 치셨습니다. 하나님께서 저를 치시니까 비로소 제 자아가 흔들리기 시작했고 자아가 깨어지기 시작했습니다. 그 때 제가 만난 책이 아까 말씀드렸던 '갈보리 언덕'(Calvary Road)이었습니다. 그래서 제가 '깨어짐'(brokeness)이 무엇인지를 알게 되었습니다.

여러분, 우리가 깨어져(broken)야 됩니다. 욥조차도 깨어지지 않았던 어떤 면이 있었습니다. "하나님 당신이 한 일이 처음부터 끝까지 다 옳습니다. 하나님 당신은 하나님이십니다. 하나님 당신이 하신 일은 다 선하십니다." 그렇게 하나님께 길을 내어 드리는게 아니라, 항상 우리가 살아서 우리 생각을 말씀드리고, 우리 소원을 주장하고, 하나님을 우리 편으로 끌어오려고 하는, 우리가 하나님을 따라가는 것이 아니라 하나님을 우리가 끌고 가려고 하는, 이런 자아가 우리에게 살아 있습니다. 여러분, 이 자기가 깨어지지 않으면, 이 자아가 깨어지지 않으면, 우리는 하나님의 쓰임을 받을 수 없습니다.

우리가 예수님을 믿는 신앙성장의 단계에서 처음에는 무난히 올라갑니다. 예수를 믿으면 성경 지식을 배우는 만큼 믿음도 생기고, 교회생활을 하는 만큼 열심도 더 생기고, 봉사도 하게 되고, 리더십도 쌓이게 되고, 그래서 우리에게 열매도 많이 맺히게 됩니다. 그러면 우리의 신앙이 성숙한 것입니까? 아닙니다. 그것은 아주 아무 것도 아닙니다. 거기까지 오는 건 굉장히 쉽습니다. 누구나 할 수 있습니다. 그 다음부터 주님이 본격적으로 우리를 다루기 시작하십니다. 무엇을 다루십니까? 우리의 자아를 다루십니다. 우리 자아가 깨져야 됩니다. 사실 하나님의 일을 방해하는 것은 다른 사람이 아닌 나입니다. 하나님의 일이 안 되는 가장 큰 이유는 내 자아입니다. 우리는 우리 자아가 옳고 우리 자아에게 권리가 있다고 생각합니다. 그래서 끊임없이 자아를 주장하고 자아의 뜻대로 하려고 합니다. 그리고 항상 하나님이 우리 기도에 응답하셔야 되고 우리를 따라 오셔야 된다고 생각합니다. 이것이 깨어지기 까지는, 자아를 내려놓기 까지는, 자아가 부서지기 까지는, 하나님의 길이 우리를 통하여 열리지 않습니다. 그래서 하나님은 하나님이 사랑하시는 사람마다 반드시 이 과정을 겪게 하십니다.

여러분, 교회사를 읽어 보십시오. 교회사에 형형히 빛나는 그런 우리 믿음의 선조들, 하나님이 귀히 쓰셨던 인물들, 그 모든 사람이 똑똑해서 쓰임 받은 줄 아십니까? 그 사람들 자신이 훌륭하고, 그 사람들 자신이 잘 나고, 그 사람들이 열심히 노력해서 하나님께 쓰임 받은 줄 아십니까? 만약에 그런 위인전이 있다면 그건 잘못된 위인전입니다. 바울처럼 말해야 됩니다. "나의 나 된 것은 오직 하나님의 은혜라"라고. 하나님은 돌들로도 아브라함의 자손들을 만드실 수 있습니다. 하나님이 우리를 쓰시는 이유는 은혜이지, 우리에게 있는 무엇이 너무 소중해서 하나님이 그걸 보시고 우리를 택하신다고 생각하면 그건 오해입니다. 하나님은 우리를 택하셔서 쓰시고 싶으신데 무엇 때문에 못 쓰시느냐 하면, 우리 자아 때문에 못 쓰시는 것입니다. 그래서 이 자아를 처리하시기를 원하십니다. 이 자아가 빨리 깨질수록 우리가 쓰임 받을 수 있습니다. 그러나 평생가도 자아가 안 깨지는 사람들이 있습니다. 그래서 고난당하는 것이 유익입니다.

하나님이 우리의 자아를 깨뜨리시는 방법

하나님이 우리의 자아를 깨뜨리시는 방법은 여러 가지가 있습니다. 제일 먼저는 말씀하십니다. 어떤 분들은 성경을 묵상하다가 하나님의 음성을 듣고 말씀을 듣고 자기를 내려놓는 사람이 있습니다. 이런 사람은 너무나 존경스러운 사람입니다. 그러나 거의 없습니다. 매우 드뭅니다. 큐티(QT)를 하면서, 하나님의 말씀을 들으면서, 교만해 지는 사람을 저는 너무나 많이 봤습니다. 그래서 제가 그런 사람에게 하고 싶은 말은 교만해 지려면 차라리 큐티하지 말라는 것입니다. 자기 자랑하려면 새벽 기도 나가지 말라는 것입니다. 헌금 많이 했다고 주장하려면 차라리 그 헌금 하지 말라는 것입니다. 자기 의를 주장하지 않고 조용히 있는 편이 하나님께 도움이 됩니다. 우리가 주님의 일을 조금 했다고 자꾸 자랑하고 떠들고 나서면 주님의 영광을 가리는 것이 됩니다. 주님은 우리의 자아를 처리하시기를 원하십니다.

여러분, 그러면 완전한 인간의 모델이 있습니까? 예수님입니다. 예수님은 자기 영광을 구하지 않으셨습니다. 처음부터 끝까지 하나님의 영광, 아버지의 영광을 구하셨습니다. 예수님의 생명원리, 즉 예수님이 삶을 사셨던 그 모든 동력과 동기와 목표와 기준과 방법과 힘은 무엇으로부터 왔냐 하면 하나님 아버지였습니다. 그래서 예수님은 자기 생각을 따로 갖지 않으셨습니다. "나는 아버지의 판단이 옳은 줄 믿노라." 그래서 하나님 아버지의 판단을 쫓아 가셨습니다. "내가 너희에게 하는 말은 내가 스스로 하는 말이 아니요. 아버지께서 내게 주신 말씀을 내가 너희에게 전하는 것이라." 예수님이 하신 말씀도 하나님이 주신 말씀을 하셨습니다. '내 양식은 아버지의 일을 행하는 것'이라고, 아버지의 뜻을 행하고, 그 분의 일을 온전히 이루는 것이라고. 예수님처럼 하나님 아버지에게 사로잡혀 살았던 분이 없습니다.

'자기 의지'가 아니고 무엇입니까? 하나님의 뜻입니다. '자기의 노력'이 아니고 무엇입니까? 하나님의 능력으로 행하는 것입니다. '자기의 영광'이 아니고 하나님의 영광을 구하는 겁니다. 그 다음 마지막으로 '자기 의', 즉 우리가 가진 무슨 좋은 점, 장점, 우리가 행한 공로, 그런 것을 의지해서, 그런 것을 근거로 해서 하나님께 요구하는 그런 태도를 취하는 것이 아니고, 온전히 하나님의 은혜만 사모하고 하나님의 긍휼만 바라는 태도 그것이 아들의 태도입니다. 여러분, 아들로 살아가십니까? 하나님의 자녀로 살아가십니까? 하나님 아버지가 여러분의 생명이십니까? 하나님 아버지가 여러분의 모든 것입니까? 아니면 아직도 여러분 안에 자아가 시퍼렇게 살아계십니까? 저는 이 자아의 문제로 평생 씨름하고 있는데 어떤 분은 저에게 이런 말씀을 합니다. "목사님 몇 년 전에도 그런 말씀 하셨고 그런 글을 썼어요. 그런데 아직도 그 문제입니까?" 예, 아직도 그 문제입니다. 솔직히 대답하겠습니다. 저는 이것은 일생에 걸친 싸움이라고 생각합니다.

그리스도인의 성화는 죄를 깨달아 가는 것

여러분, 그리스도인의 '성화'는 '의를 쌓아가는 것'이 아니고, '죄를 깨달아가는 것'입니다. 다른 종교의 의인들, 다른 어떤 영성의 지도자들은 거룩한 모습을 보입니다. 그래서 오쇼 라즈니쉬(Osho Rajneesh)라는 힌두교의 명상 지도자 같은 사람은 자기를 신적인 존재로 내세웁니다. "난 태어난 적도 없고 죽은 적도 없다." 그러나 기독교의 성자는 다릅니다. 다른 영성, 다른 종교의 지도자들은 스스로 완벽함을 주장할지 몰라도 기독교의 성자는 거꾸로입니다. 살아가면 살아갈수록 "나는 죄인입니다." 바울의 마지막 고백이 무엇이었습니까? "나는 죄인 중의 괴수"라고. 하나님의 은혜를 체험하면 자기 실상을 알게 됩니다. "하나님께서 은혜로 날 지켜 주셨으니 여기까지 왔지 나 자신 만으로는 죄인입니다." 이것이 우리 기독교인들의 고백입니다. 그래서 하나님께서 우리의 자아를 처리하시고 이제는 하나님이 우리의 모든 것이 되시도록, 하나님이 나의 생명이 되시도록, 이 고난을 통해서 우리를 연단하십니다.

조금 전에 제가 말씀이 한 방법이라 했는데, 워치만 니(Watchman Nee)는 "말씀보다 훨씬 더 강력한 방법을 하나님이 고난을 통해서 쓰시는 것이다. 고난이 그 방법이다." 그렇게 말했습니다. 우리는 고난을 겪습니다. 그런데 그 고난은 우리에게 유익입니다. 왜 그렇습니까? 고난을 경험하면서 우리가 깨닫습니다. '나는 아무 것도 아니라는 것, 하나님 없이는 나는 아무 것도 아니라는 것, 모든 것이 하나님의 은혜라는 것, 하나님이 없으면 나는 헬프레스 호프레스한 자라는 것' 비로소 그 다음에 우리는 하나님으로 사는 법을 배웁니다. 자기로 살아가지 않고, 하나님으로 사는 법을 배웁니다.

이제는 사람들이 우리를 인정해 주지 않아도 괜찮습니다. 하나님께서 우리를 인정해 주시면 그것으로 충분합니다. 이제는 우리 이름이 드러나지 않아도 됩니다. 하나님의 이름이 거룩히 여김을 받으시면 됩니다. 우리 뜻 그것은 그렇게 중요한지 않습니다. 하나님의 뜻이 하늘에서 이루어진 것처럼 땅에서도 이루어져야 한다고 생각합니다. 그렇게 될 때, 사람들은 우리에게서 무엇을 봅니까? 또는 누구를 봅니까? 우리에게서 그리스도를 보게 됩니다. 그동안 사람들은 우리에게서 너무나 자아를 보았습니다. 너무나 시퍼렇게 살아있는 자아를 보았습니다. 그 자아를 보기 때문에 우리가 의로우면 의로울수록 사람들은 우리에게 거리감을 느낍니다. 우리가 정말 잘나면 잘날수록 사람들은 우리로부터 멀어집니다. 우리의 의, 우리의 자랑, 이것으로 행하려는 것은 승리주의입니다. 그것이 아니고 우리는 약해져야 합니다. 우리는 낮아져야 합니다. 우리는 우리 자신을 비울 수 있어야 합니다. 고난을 통해서 하나님께서 우리의 자아를 처리해 주시면 이제 우리는 비로소 고백할 수 있습니다. "하나님이 나의 모든 것 되신다"라고. 이런 고난의 길을 믿음으로 걸어가며 복 받는 여러분과 제가 되기를 바랍니다.

인생의 수수께끼를 푸는
하나님의 해법

"은이 나는 곳이 있고 금을 제련하는 곳이 있으며, 철은 흙에서 캐내고 동은 돌에서 녹여 얻느니라. 사람은 어둠을 뚫고 모든 것을 끝까지 탐지하여 어둠과 죽음의 그늘에 있는 광석도 탐지하되, 그는 사람이 사는 곳에서 멀리 떠나 갱도를 깊이 뚫고 발길이 닿지 않는 곳 사람이 없는 곳에 매달려 흔들리느니라... 그러나 지혜는 어디서 얻으며 명철이 있는 곳은 어디인고. 그 길을 사람이 알지 못하나니 사람 사는 땅에서는 찾을 수 없구나. 깊은 물이 이르기를 내 속에 있지 아니하다 하며 바다가 이르기를 나와 함께 있지 아니하다 하느니라... 그 때에 그가 보시고 선포하시며 굳게 세우시며 탐구하셨고. 또 사람에게 말씀하셨도다. 보라 주를 경외함이 지혜요 악을 떠남이 명철이니라"(욥기 28장 1~28절, 개역개정).

제가 아주 오래 전에 신문에서 읽었던 내용입니다. 한국 사람의 이름 중에 가장 긴 이름이 무엇인가 하는 것입니다. 여러분, 혹시 아십니까? 코미디 같은데서 어떤 아이에게 긴 이름을 붙여 주며 귀하게 여겼으나 오히려 그 아이가 물에 빠졌을 때, 그 아이를 구하려고 그 아이의 긴 이름을 부르는데 반나절이 걸려서 그 아이가 빠져 죽었다는 코미디를 본 적이 있습니까? 그런데 이것은 실제로 우리나라에 있는 이름입니다. 성은 박씨입니다. 그리고 이름은 '차고나온놈이샘이나' 입니다. 그러니까 '박차고나온놈이샘이나' 열 자입니다. 그래서 이걸 다 부를 수 없으니까 줄여서 끝의 '샘이나' 아마 그 정도로 부르는 것 같습니다.

제가 왜 이름 이야기를 하는가 하면 욥에 대해서 생각해 보려고 하는 것입니다. 우리가 미국에 오면 영어로 미국 이름을 하나씩 짓게 됩니다. 저는 미국 이름이 티모시(Timothy)입니다. 그런데 제가 대학을 졸업할 때 몸이 아파서 제 동생한테 제 졸업장에 넣는 이름을 대신 전하도록 시켰는데 제 동생이 티모시를 미들네임으로 넣었습니다. 보통 미국 이름을 퍼스트네임으로, 그 다음에 한국 이름을 미들네임으로 넣는데 저는 그것이 서로 바뀌어서 현회가 퍼스트네임이고 티모시가 미들네임이 됐습니다. 생각해 보니까 그것도 괜찮을 것 같습니다. 그래서 그냥 그대로 유지합니다. 아무튼 우리는 각자 자기가 원하는 대로 미국 이름을 하나씩 짓습니다. 우리가 짓는 미국 이름 중에 좁(Job)이라는 이름을 보셨습니까? 욥이지요. 성경에 욥이 그렇게 위대한 인물인데도 불구하고 'Job'이라는 이름이 없습니다. 여자 분들은 Job이라고 안 할 테지만, 남자 분들도 성경에서 이름을 많이 따와서 존(John)도 많고, 데이빗(David)도 많고, 폴(Paul)도 많지만, 좁(Job)이라는 이름은 본 적이 없습니다. 왜 그럴까요? 예, 좁(Job)이라는 이름을 잘못 붙였다가 고생할까봐 그렇지요? 예, 그 심정 충분히 이해합니다.

욥기로부터 받는 위로

그래서 욥을 생각하면 두 가지 면에서 거리감을 느낍니다. 하나는 욥이 너무 완벽해서 너무 의인이어서 거리감을 느끼고, 두 번째는 그가 당한 고난이 너무 힘들고 어려워서 거리감을 느낍니다. 우리는 '나는 그런 삶 근처에도 가고 싶지 않다. 난 그저 평범하게 살고 싶다.' 이런 생각을 하기가 쉽습니다. 그런데 욥기를 묵상해 보면, 특별히 여러분에게 시련이 있을 때 욥기를 한 번 읽어 보십시오. 그러면 욥기가 전혀 다르게 느껴집니다. 욥의 울부짖는 한마디 한마디가 여러분의 심금을 울릴 것입니다. 과거에는 '왜 이렇게 장황하게 말하나, 말을 좀 간단명료하게 하지'라고 생각했습니다. 화려하게 수식어를 붙여 가면서 마구 장황하게 말을 합니다.

제가 처음에 말씀 드렸던 것처럼, 연극을 통해서 욥기를 접했을 때, 욥기의 욥의 메시지에 대해서 이렇게 평가를 내렸었습니다. 그러나 그 후에 제가 아프면서 욥기를 심층적으로 제가 묵상하게 되었고, 그 장황한 말, 한 마디, 한 마디가 제 심금을 울리는 것을 느끼게 되었습니다. 그 결과 저는 욥기를 성경에서 가장 사랑하는 몇 권의 책 중에 하나로 여기게 되었습니다. 욥이 저에게는 무척 친근합니다. 저는 욥의 내면세계를 많이 엿보았다는 생각이 듭니다. 그러면서 이런 생각을 합니다. 욥은 사실 한 일이 없습니다. 그렇지요? 재산이 많고, 자식이 많고, 아주 경건한 인물이기는 하지만 욥이 바울처럼 무슨 선교를 나갔습니까? 욥이 많은 일을 했습니까? 그런 것 아니지 않습니까? 고생했다는 것 하나입니다. 고생할 때 끝까지 믿음을 저버리지 않았다는 것 하나인데, 욥의 위대함은 어디서 찾을 수 있습니까? 욥 한 사람이 믿음을 순전하게 지키므로 해서 많은 사람들에게 위로의 원천이 된다는 것입니다. 저는 욥을 생각하면 제가 당하고 있는, 또는 지금까지 당해온, 그리고 앞으로 당할 그 어떤 고난과 어려움도 제게 아무런 문제가 되지 않을 것 같습니다.

여러분, 욥처럼 정상에 있던 사람이 가장 밑바닥으로 떨어진 경우를 보신 적이 있습니까? 동방에서 가장 큰 자라고 여김을 받던 그가 이제 재산도 하나 없고, 가족도 다 잃고, 온 몸에 피부병이 나서 기와조각으로 벅벅 긁고 있는데 친구들마저도 욥을 죄인으로 구박하고, 게다가 그의 피난처요 방패였던 하나님은 침묵하시며 아무리 눈물을 흘리고 아무리 외쳐도 돌아오는 아무 반응이 없습니다. 사람이 그렇게 처절하게 망가질 수 있을까요? 사람이 그렇게 처절하게 모든 것을 잃을 수 있을까요? 가장 낮은 데 처해 본 욥, 그래서 저는 욥을 생각하면 한없는 위로가 됩니다. 욥은 압니다. 제가 어떤 어려움을 겪을 때 제 옆에 있는 욥은 압니다. "현회야, 나도 안다. 나도 그 자리에 있어 봤다. 나는 그보다 더 낮은 자리에도 있어 봤다."

여러분, 이지선 자매님의 간증을 다 들으셨지요? 저는 이지선 자매님을 실제로 본 적은 없습니다. 간증을 CD로 들었으니까요. 그런데 이지선 자매님을 생각하면 그 자매님이 그 고통 속에서 믿음을 잃지 않고 연단을 받으며, 그 아름답고 순결한 믿음으로 그 과정을 통과했다는 사실 하나만으로도 그 자매님은 저에게 너무나 큰 선물을 주었습니다. 앞으로 어떤 어려움을 당한다 하더라도 이지선 자매님을 생각하면 저는 용기를 얻을 수 있습니다. 사실 저는 남자이지 않습니까? 여자에게 있어서는 외모가 거의 생명과 같지 않습니까? 그렇게 흉측한... 그야말로 누가 그러지 않습니까? 괴물 같다고 말할 정도로... 그런 흉측한 모습으로 바뀌었을 때, 보통 사람 같으면 살 소망이 없었을 것입니다. 살고 싶은 마음이 없었을 것입니다. 그런데 그 자매님이 이렇게 이야기 했습니다. "이 얼굴도 자꾸 보면 정든다"라고. 그 말에는 정말 굉장한 믿음이 담겨 있다고 저는 생각합니다.

욥기의 핵심주제, 지혜

우리가 욥을 보면서 욥에 대해서 여러 가지 신학적인 접근을 하고, 분석도 하고, 교훈을 끌어내는 것도 좋지만 그냥 욥 자신으로부터 위로를 얻습니다. 그리고 하나님께서 욥을 자랑하셨지요? 그것과 마찬가지로 하나님의 가장 큰 자랑, 그리스도, 우리 주님의 십자가를 생각하면서 우리는 위로를 얻습니다. 그런 이야기가 욥기에 계속 진행되는데 욥기 중간쯤에 이

28장이 들어가 있습니다. 욥이 26장부터 31장까지 아주 긴 변론을 하는데, 이 28장은 그 변론의 중간에 들어가 있는 것입니다. 그러면서 앞장과 뒷장이 연결이 안 됩니다. 그러니까 27장과 28장이 연결이 안 되고, 28장과 29장이 연결이 안 됩니다. 왜 중간에 28장 하나가 이렇게 끼어 있는지 참 알기 어렵습니다. 그럼에도 불구하고 28장이 욥기에서 가장 중요한 장입니다. 28장의 주제는 무엇입니까? 지혜입니다. 욥은 갑자기 지혜에 대해서 이야기 합니다.

이 28장을 크게 셋으로 나누어 보면 1절에서 12절까지는 '지혜를 어디서도 찾을 수가 없다'입니다. 거기 광산의 이야기가 나오지요? 돌을 깨고, 바위를 파고, 땅속으로 들어가고, 그렇게 깊은 땅 속을 뒤져서 무엇을 찾아냅니까? 보석을 찾아냅니다. 다이아몬드 광산 정도 되는 것 같습니다. 모든 노력을 다 동원하여 조그만 보석을 찾아내는데, 그렇게 힘든 귀한 보석을 찾는 것조차도 지혜를 찾는 것에 비교할 수 없습니다. 지혜는 그렇게 해서도 찾아지지 않는다는 것입니다.

그 다음에 13절부터 20절까지는 지혜의 가치입니다. 보석보다도 더 찾기 힘든 만큼 지혜는 보석보다도 더 귀하다는 것입니다. "그 값은 측량할 수가 없다. 그것은 이런 저런 보석과 비교할 수 없다. 지혜는 그토록 귀한 것이다"라는 이야기를 합니다.

그리고 마지막 부분(21-28절)에서 "그 지혜는 오직 하나님만이 아신다"라고 합니다. 거기서 뭐라고 말하느냐 하면, "멸망과 사망도 이르기를 우리가 귀로 그 소문은 들었다 하느니라"라고 합니다. 멸망과 사망이 지혜에 대해서 들은 적은 있다고 할 정도입니다. 그러니까 그것들도 모르는 것입니다. 그러나 하나님은 아십니다. 오직 하나님만이 지혜가 어디 있는지 아시고, 또 지혜가 무엇인지를 아십니다. 그리고 그 지혜가 무엇이냐는 것에 대해 여호와를 경외하는 것, 주를 경외함이 곧 지혜요, 악을 떠남이 명철이라고 결론을 내립니다.

욥기에서 왜 지혜에 대한 이야기를 하는 것일까요? 여러분, 욥기는 지혜문학 중의 하나입니다. 이 점을 놓쳐서는 욥기를 이해할 수가 없습니다. 단순히 고난을 어떻게 겪는가하는 고난 문제에 관한 책으로만 보아서는 욥기를 제대로 이해했다고 말할 수 없습니다. 욥기를 제대로 이해하기 위해서는 지혜가 무엇인지를 알아야 됩니다. 성경에는 지혜문학이라고 불리는 책들이 있습니다. 대표적으로 욥기, 잠언, 전도서, 그리고 시편 가운데 일부, 예를 들면 시편 1편 같은 경우를 우리가 지혜의 시라고 하는데, 여기 저기 흩어져 있는 지혜에 관한 것들을 다 통괄해서 지혜문학이라고 부릅니다. 이 지혜는 이스라엘의 영적 전통 중의 하나입니다.

여러분, 예레미야서 18장 18절을 보십시오. 외우기 쉽지요? 거기에 이런 말씀이 있습니다. "그들이 말하기를 오라 우리가 꾀를 내어 예레미야를 치자. 제사장에게서 율법이, 지혜로운 자에게서 모략이, 선지자에게서 말씀이 끊어지지 아니할 것이니 오라 우리가 혀로 그를 치고 그의 아무 말에도 주의치 말자 하나이다." 여기 제사장에게서 율법이, 선지자에게서는 말씀이, 그리고 다음에 지혜로운 자에게서는 모략이 나온다는 표현이 나오지요? 이 세 가지가 이스라엘의 영적 전통입니다.

이스라엘은 신정국가로서 하나님의 백성으로 선택받은 민족이었습니다. 그래서 하나님의 백성으로 선택받은 이스라엘 민족이 살아가기 위해서는 가장 중요한 것은 율법이었습니다. 그리고 그 율법을 담당한 사람들이 제사장이었습니다. 율법은 무엇입니까? 율법은 이스라엘 백성을 향해서 하나님이 주신 여러 계명들입니다. 여러 명령들, 지켜야 할 법들입니다. 그 다음에는 선지자가 있습니다. 선지자에게서는 말씀이 들려집니다. 여러분, 율법과 선지자는 구약을 총괄하는 표현이기도 한데 율법이 먼저입니다. 율법은 모세시대에 주셨습니다. 그러나 선지자는 그 후대에 나옵니다.

선지자가 하는 일은 무엇입니까? 이스라엘 백성이, 특별히 왕들이 율법대로 살아가는지 살아가지 않는지를 하나님께서 판단하시고, 경고하시고, 질책하시기 위해서 보내신 사람들이 선지자입니다. 그래서 선지자들은 그 당시 권력자들과 백성들에게 하나님의 말씀을 전합니다. 그런데 그 하나님의 말씀은 대부분 그들이 율법대로 살지 못했다는 것을 지적하는 책망입니다. 그래서 우리가 율법과 선지자, 이 둘만으로도 이스라엘의 영적 전통을 충분히 이해할 수 있습니다. "하나님의 백성으로 그들이 무엇을 좇아서 살아가야 하느냐"고 말할 때, 율법이 있습니다. 율법이 기준입니다. 그러나 "그들이 율법을 제대로 지키고 있는지 못 지키고 있는지 어떻게 압니까?" 그것이 선지자들입니다. 선지자들이 등장해서 때때로 야단도 치고, 때때로 위로도 하고, 때때로 경고도 했던 것입니다.

그렇다면 세 번째 영적 전통인 지혜라는 것은 무엇일까요? 지혜를 집대성한 사람은 솔로몬입니다. 그러나 솔로몬 한 사람만이 아니고 그 지혜의 전통에 등장하는 사람들이 굉장히 많습니다. 지혜란 이런 것입니다. 여러분, 율법이 우리 삶의 모든 측면을 다 포괄할 수 없습니다. 예를 하나 들면 언어생활입니다. 율법에서는 언어에 대해서 무엇이라고 말합니까? "거짓을 말하지 말라. 또는 거짓 증거 하지 말라." 이런 정도입니다. 즉 율법이 우리 삶의 모든 부분에 다 관여할 수 없습니다. 그 나머지 부분은 무엇으로 다루어야 합니까? 율법과 선지자의 말씀을 기억하면서, 우리가 자세히 주의하고 관찰해서, 우리의 관찰로부터 하나님이 우리에게 원하시는 바른 길이 무엇일까를 찾아가는 것, 그것이 지혜입니다.

그래서 지혜서, 지혜문학을 보면 언어에 대해서 아주 뛰어난 잠언들이 굉장히 많이 있습니다. "말이 많으면 허물을 면키 어렵다." 얼마나 맞는 말입니까? 그러나 그 말이 율법에는 없습니다. 율법에는 말을 많이 하지 말라는 말이 없습니다. 그러니까 율법에 말을 많이 하지 말라는 말이 없으니까 말을 많이 해도 괜찮다고 하면 어떻게 됩니까? 어리석은 사람이 될 수 있다는 것입니다. 율법이 우리 생활의 전부를 다 통제할 수 없습니다. 율법은 핵심적인 기준이요 원리입니다. 그리고 그것을 삶에 적용하고 삶을 살아가는 많은 방식들을 하나님의 뜻에 맞출 수 있는 그 관점이 지혜인 것입니다. 이 지혜 자체의 의미는 목적을 이루는 최적의 수단을 아는 것입니다. 어떤 목적에 도달하기 위해서, 목적을 성취하기 위해서 가장 좋은 길이 무엇인가를 아는 것이 지혜이고, 그 지혜를 삶에 적용하는 것입니다. 결국 지혜는 어떻게 사는 것이 바르게 제대로 잘 사는 것인가 하는 삶의 길을 논하는 것입니다.

삶의 바른 길 찾기는 "세상의 질서를 관찰"하는 것부터

자, 그렇다면 그 지혜를 알기 위해서, 즉 어떻게 사는 것이 잘 살고 바르게 사는 길인가를 알기 위해서 우리가 해야 할 일은 무엇일까요? 조금 전에 율법이 기준이 되지만 율법이 모든 것을 통괄하지 않는다고 했습니다. 그래서 어떻게 삶의 바른 길을 찾아낼 수 있는가에 대한 대답은 세상의 질서를 관찰하는 것입니다. 세상의 질서를 주의 깊게 관찰하다 보면 거기서 여러 가지 삶의 바른 길을 우리가 알아낼 수 있습니다.

이 세상의 질서는 세 가지 정도로 구분해서 말할 수 있습니다. 첫 번째는 "자연적 질서"(Natural Order)입니다. 여러분, 자연을 잘 관찰해 보면 많은 것을 우리가 배울 수 있습니다. '심은 대로 거둔다'는 것이 대표적인 자연의 질서를 관찰한 내용입니다. 콩 심은데 콩 나고 팥 심은데 팥 나는 것입니다. 많이 뿌린 자는 많이 거두고 적게 뿌린 자는 적게 거두는 것입니다. 인과응보가 있다는 것입니다. 자 어떤 사람이 이 자연법칙을 무시하고 어긋나게 행동한다면 이 사람은 어떤 결과를 얻을까요? 남들 다 바쁘게 일하는 추수철에 한가하게 놀고 있으면, 베짱이처럼 행동하면 어떻게 됩니까? 그러면 가난해 지고 궁핍이 살같이 찾아오고 어렵게 됩니다. 그러면 그 사람에 대해서 사람들이 뭐라고 합니까? 어리석은 자, 미련한 자라고 말합니다. "아니 저 사람은 놀 때가 있고, 일할 때가 있는데 추수철에 어떻게 자느냐?" "지금은 열심히 일해서 곡식 한 알이라도 더 거두어 들여야지. 저렇게 멍청하게 놀고, 자고 있으면 되느냐"라고 할 것입니다.

저는 이런 미련한 짓을 많이 했습니다. 시험이 있을 때 미리 공부하지 않다가 항상 그 전날에 이렇게 하는 것입니다. 우선 커피부터 들이킵니다. 밤을 새겠다는 것이지요? 그러곤 밤에 잡니다. 제 스스로 돌이켜봐도 정말 미련합니다. 왜 공부를 미리미리 안 하나? 그러나 다음 시험 볼 때 또 같은 일을 반복합니다. 이것이 미련한 것입니다. 여러분, 자연 질서를 잘 관찰해도 굉장히 지혜로운 사람이 될 수 있습니다. 그러나 이 세상은 자연 질서로만 움직이는 세상이 아닙니다.

세상에는 "도덕적인 질서"(Moral Order)가 또 있습니다. 이 질서는 어떻게 요약할 수 있느냐하면 "의인은 흥하고 악인은 망한다"입니다. 여러분, 처음 자연적 질서는 "심는 대로 거둔다"는 인과응보였지요? 그런가 하면 도덕적 질서는 권선징악입니다. "착하게 살아라." 그런데 이 자연적 질서와 도덕적 질서 두 가지 질서는 일반계시입니다. 일반계시라는 말은 하나님께서 특별하게 선지자나 당신의 종을 통해서 우리에게 들려주신 말씀이 아니라, 누구나 관찰하면 깨달을 수 있게 해 주신 그런 말씀이 일반 계시입니다.

그래서 이 자연적 질서와 도덕적 질서에 관련된 지혜들은 세계 곳곳에 다 있습니다. 잠언의 많은 내용은 고대 근동의 주변 민족들이 가지고 있는 잠언과 통합니다. 비슷합니다. 성경에만 있는 것이 아닙니다. "말조심하라." 이것은 성경에만 있는 잠언이 아닙니다. 사실 우리나라에도 속담이 많습니다. "세 살 버릇 여든까지 간다." 이건 기가 막힌 잠언입니다. 여러분, 공자님의 말씀에는 도덕적인 가르침이 많지 않습니까? 우리가 기독교인이니까 공자님의 말씀은 다 틀렸다고 생각하면 절대로 그렇지 않습니다. 공자님의 말씀은 매우 좋은 말씀입니다. 도덕적인 질서를 관찰하고, 인간의 휴먼 네이처(Human Nature), 즉 인간의 본성을 잘 관찰하여서 '이러한 사람이 군자다. 소인은 어떤 사람이고 대인은 어떤 사람이다'라고 하면서 군자의 도를 잘 설파한 것이 공자님 말씀이지요? 그 공자님 말씀은 도덕적 질서를 관찰해서 얻은 지혜라고 말할 수 있습니다. 또 노자도 마찬가지입니다. 또 소크라테스나 플라톤의 철학들도 다 마찬가지입니다. 그래서 이 자연적 질서, 도덕적 질서는 사실은 인간의 본성, 자연의 법칙을 관찰하고 인간의 본성을 관찰하면 알 수 있는 것들입니다. 사실은 이런 것들이 전 세계, 동서고금의 문화에 다 산재해 있고 편만해 있습니다. 어디에서든 발견할 수 있습니다.

그런데 세 번째 질서가 또 있는데 그것은 "영적 질서"(Spiritual Order)입니다. 이 질서는 특별계시를 통해서만 알려질 수 있습니다. 하나님이 살아 계시고, 그 하나님께서 이 세상을 주관하시고, 이끌어 가신다는 진리인데 이것을 사람들은 모릅니다. 사람들은 일반계시를 통해서 막연히 어떤 신적 존재가 있을 것이라는 것까지는 알 수 있지만 거룩하신 하나님, 의로우신 하나님, 언약을 맺으셔서 자기 백성을 삼으시고, 자기 백성들을 끝까지 돌보시고 인도하시는 그런 하나님에 대해서는 알 수가 없습니다.

동양에는 예로부터 천(天)이라는 사상이 있었습니다. 하늘, 그러나 그 하늘이 무엇이냐고 물으면 사실 알 길이 없습니다. 막연한 어떤 신적인 개념이 있으니까 그 신적인 존재를 천이라고 하는 것이지, 그 천이 궁극적으로 여호와 하나님이라는 그 사실을 알지 못하는 것입니다.

그래서 영적 질서가 있습니다. 이 영적 질서는 이 세상은 하나님이 주인이시라는 관점에서 출발합니다. 하나님이 이 세상을 창조하셨습니다. 그래서 도덕적 질서도 인간 본성을 관찰하고 얻는 것이지만 인간 자체를 하나님께서 창조하셨고, 하나님께서 하나님의 뜻을 인간 안에, 그 양심에 기록하셨습니다. 이 영적 질서는 구약의 율법과 선지자들의 말씀을 통해서, 즉 특별 계시를 통해서 알 수 있는 것입니다. 때때로 인간은 무감각해 지고 무뎌집니다. 무엇 때문에? 죄 때문입니다. 그래서 도덕적 질서를 혼동합니다.

그 대표적인 예가 무엇입니까? 현대에는 동성애 문제가 그 예라고 말할 수 있습니다. 동성애가 왜 나쁘냐고 하는 것입니다. 여러분, 동성애가 왜 나쁩니까? 과거에는 성경을 떠나서도 많은 사람들이 그건 본성에 어긋난다고 말했습니다. 인간은 그 본성이 이성 간에 끌리도록 창조된 것이지, 동성끼리 성적인 끌림을 갖는 것은 비정상적이라고 생각했습니다. 그러나 요즘에는 사고방식이 많이 달라졌습니다. "나는 끌린다. 너의 본성은 그럴지 몰라도 내 본성은 끌린다." 이렇게 말하면 어떻게 되느냐는 것입니다. 도덕적 질서는 구부러질 수 있습니다. 대부분의 시대에 도덕적 질서는 거의 비슷한 것이 사실입니다. 영어로는 타오(Tao)라고 하고, 우리말로는 도(道)라고 하는데, C. S. 루이스는 이 도(Tao)라는 말을 어떻게 설명하느냐 하면, 인간 본성 안에는 옳고 그름을 아는 본래적인 지식이 있다고 지적했습니다.

그런데 이 타오(道)가 거의 대부분의 문화와 모든 시대의 사람들에게 동일하지만 확정된 것은 아닙니다. 어느 시대 사람들도 거짓말을 칭찬하지 않습니다. 거짓말은 나쁘다고 생각합니다. 남의 것을 훔치는 것을 칭찬하지 않습니다. 남의 것을 훔치는 것은 나쁘다고 생각합니다. 이렇게 거의 동일하지만 이 질서가 확정된 것이 아닙니다. 인간들은 죄인입니다. 인간들은 자기 합리화, 자기변명에 능합니다. 그래서 점점 말이 복잡해지고, 이론을 만들어 내고, 그럼으로써 도덕적 질서가 무너지기 시작합니다. 자, 이 도덕적 질서가 무너질 때 어떻게 해야 하는 것입니까? 인간 본성에 호소해서 "너의 본성이 가르치지 않느냐"라고 말하면, 이 죄로 인해서 무뎌진 사람들은 "내 본성은 그렇지 않다"라고 대답하게 되는 것입니다.

여러분, 이 세 가지 질서 자연적 질서, 도덕적 질서, 영적 질서 중에서 자연적 질서는 바뀌지 않습니다. 여러분, 우리가 북극에 가면 만유인력 또는 중력의 법칙이 바뀌어서, 사과를 탁 놓으면 아래로 떨어지지 않고 공중에 둥둥 떠 있습니까? 이 지구, 전 세계 어디를 가도 언제나 물은 높은 곳에서 낮은 곳으로 흐릅니다. 그리고 언제나 바위에 머리를 부딪치면 여러분의 이마가 깨질 것입니다. 이 자연법칙은 바뀌지 않습니다. 그런데 도덕적 질서는 구부러질 수 있습니다. 영적 질서는 어떤 것인가요? 영적 질서는 하나님이 정하신 것으로서 최상의 질서입니다. 도덕적 질서가 구부러질 때, 도덕적 질서가 어긋나고, 해이해 지고 무너져 갈 때 이것을 바로 세울 수 있는 유일한 길은 영적 질서뿐입니다. 하나님의 말씀으로 되돌아가는 것입니다.

성경의 지혜문학

자, 제가 이런 이야기가 꼭 필요해서 말씀드렸는데 이제는 지혜의 문학으로 되돌아가 보겠습니다. 잠언은 이 자연적 질서, 도덕적 질서, 영적 질서를 잘 관찰해서 기록한 책입니다. 잠언에는 "부지런한 자가 잘 살고 게으른 자는 못 산다"는 이야기가 있습니다. 그리고 "의인은 흥하고 악인은 망한다"는 이야기가 있습니다. 그 다음에 "하나님을 경외해야 된다"는 이야기가 있습니다. 이 셋이 각각 자연적 질서, 도덕적 질서, 영적 질서를 가리키는 표현들입니다. 이스라엘이 하나님의 율법대로 나아갈 때, 그래서 제사장에게서 율법이 나오고, 선지자에게서 말씀이 나오고, 지혜로운 자들로부터 잠언이 나올 때, 그래서 이스라엘의 모든 삶의 질서가 하나님이 정하신 뜻대로 움직일 때, 그 때는 잠언이 너무나 맞습니다. 그 때는 잠언대로 됩니다.

그런데 왕이 하나님의 율법을 지키지 않습니다. 도덕적 기강이 해이해지기 시작합니다. 이스라엘 역대 왕 중에 누가 가장 악한 왕이었습니까? 아합이었습니다. 아합왕이 이세벨과 결혼해서 바알 숭배도 들여오는 등, 그가 행한 악한 일이 이루 말할 수 없습니다. 이 아합이 무슨 일을 저지릅니까? 여러 가지 나쁜 일을 저지르는 가운데 나봇이라는 사람의 포도원을 가지고 싶어 합니다. 그런데 아합이 어떻게 합니까? 나봇에게 "그 포도원 나에게 팔라"고 합니다. 나봇이 "나는 팔 수 없다. 돈의 문제가 아니다. 이것은 조상으로부터 받은 것이기 때문에 네가 아무리 많은 돈을 준다고 해도 나는 팔 수 없다"라며 거절합니다. 그러자 아합이 이제 끙끙 앓습니다.

그런데 이 끙끙 앓는 모습, 이것이 참 귀한 것입니다. 왜 그렇습니까? 왕이라 할지라도 강제로 뺏을 수 없는 것입니다. 율법이 규정하고 있으니까. 각자의 땅, 곧 기업은 그 지파에 속한 것이고, 그 가족에 속한 것이지 이것을 타인이 뺏을 수 없는 것입니다. 그런데 이세벨 왕비가 보고 어떻게 말합니까? 이것이 기가 찬 것입니다. 아합에게 "당신이 그러고도 왕이냐"라고 합니다. 자기 나라에서는 왕이 법입니다. 왕이 하고 싶으면 다 하는 것인데 이스라엘의 왕이라고 하는 자가 어떤 농부의 포도원 하나 손에 넣지 못해서 끙끙거리니 말이 됩니까? 그래서 이세벨이 나봇의 포도원을 빼앗아서 아합에게 줍니다.

이런 변화가 무엇을 의미합니까? 더 이상 이스라엘도 하나님의 백성으로서의 질서를 못 지키고 있었다는 것입니다. 이방 질서가 마구 들어오기 시작합니다. 세속적인 물결이 들어오기 시작합니다. 그래서 왕이 더 이상 하나님의 통치를 대리해서, 하나님의 통치를 대표해서 나라를 다스려 가는 존재가 아니라 폭군으로 변하고, 독재자로 변하고, 압제자로 변하는, 한 마디로 왕이 나쁜 놈이 되는 것입니다. 그러면서 도덕적인 질서가 흐트러지기 시작합니다.

그래서 선지자들의 고발을 읽어 보면, "가옥에 가옥을 연하고 토지에 토지를 연하여 이 땅에 홀로 거하려 하는 자들은 화 있을진저"라는 말이 나옵니다. 이 말이 무슨 말입니까? 부동산 투기했다는 것입니다. 가옥에 가옥을 연하고, 이 집도 내 집, 저 집도 내 집, 그 옆집도 내 집, 토지에 토지를 연하여, 이 땅도 내 땅, 저 땅도 내 땅, 그 옆집 땅도 내 땅, 다 자기가 갖고자 하는 것입니다. 그러자 가난한 사람들이 점점 재산을 잃고, 땅을 잃고, 집을 잃고, 쫓겨나서 유랑하고, 방랑하는 그런 시대가 됩니다. 이런 시대가 되면 도덕적 질서는 이제 완전히 무너지는 것입니다. 이럴 때 우리가 잠언을 말할 수 있습니까? "의인은 흥하고 악인은 망한다"는 것이 안 맞는 그런 시대가 되는 것입니다.

이런 시대에는 사람들이 어떻게 합니까? 이런 때에는 사람들이 이렇게 말합니다. "저 집을 지금 사야 돼, 저 땅을 지금 사야 돼, 그리고 오년만 기다려 봐, 그저 오년만 묵혀 둬, 그러면 오년 후에 틀림없이 몇 배가 될 거야." 이처럼 시세를 잘 아는 것을 사람들은 지혜라고 생각합니다. 이것은 성경이 말한 지혜가 아닙니다. 이것은 무엇입니까? 성경은 이것을 무엇이라고 합니까? 악인의 꾀라고 말합니다. 정말 복 있는 자는 악인의 꾀를 좇지 않습니다. 그것은 하나님 뜻이 아닙니다.

부동산 투기와 같은 것은 건전하게 노동해서 버는 수입이 아닙니다. 그저 자본을 투자하고 돈을 굴려서 손에 흙도 묻히지 않고 아주 손쉽게 남의 재산을 가로챌 수 있는 그런 방법에 능한 사람들은 지혜로운 사람들이 아닙니다. 악인이고 악인의 꾀인 것입니다. 그래서 우리가 살아가는 이 시대가 얼마나 도덕적 질서가 근본적으로 무너진 시대인지를 우리는 분별해야 합니다.

여러분, 공산주의, 사회주의가 왜 망했는지 아십니까? 인간의 욕심 때문에 망했습니다. 인간은 자기 것이 되지 않는 일에 열심을 내지 않습니다. 그래서 인간은 공산주의하면 너무나 게을러집니다. 다 같이 못살게 되는 것입니다. 여러분, 자본주의는 인간의 욕심을 아는 이데올로기입니다. 그런데 자본주의도 망할 것입니다. 왜 망하는지 아십니까? 역시 인간의 욕심 때문입니다. 인간이 악하기 때문에 이런 이데올로기, 저런 이데올로기, 모두 다 망하게 될 것입니다.

아무튼 그래서 이스라엘 안에서 혼란이 일어났습니다. 왜 의인이 잘되지 않는가? "내가 관찰한 결과 의인의 후손이 걸식하는 자가 없었다." 이렇게 잠언이 말했는데 의인의 후손 중에도 걸식하는 자가 나오는 것입니다. 그러면 이것을 어떻게 설명합니까? 엘리바스와 빌닷과 소발은 정통신학을 대표하기 때문에 잠언의 관점에서 말하는 것입니다. 그런데 욥의 케이스에 맞지 않았습니다. 욥은 죄로 인해 고난 받는 것이 아니었습니다. 그래서 욥기가 등장한 것입니다. 정통신학으로는 다 설명할 수 없는 어떤 면이 있기 때문입니다.

그 어떤 면이 무엇입니까? 도덕적 질서가 무너질 수 있다는 것입니다. 도덕적 질서가 무너지면 어떻게 됩니까? 이 "의인은 흥하고 악인은 망한다"는 관찰대로 되지 않습니다. 우리가 생각했던 대로 되지 않습니다. 이런 때에 무엇이 지혜입니까? 그것은 '여호와를 경외하는 것'입니다. 도덕적 질서가 무너져도, 하나님을 믿는 것이 아무런 이익이 없어 보여도, 여전히 하나님을 믿는 것이 참된 지혜라고 욥기는 말합니다. 잠언은 뭐라고 말하느냐 하면 "하나님을 믿고 순종하고 하나님 뜻대로 살면 잘 살 것이라"고 합니다. 이것이 잠언의 메시지입니다. 그에 비해서 욥기의 메시지는 무엇이냐 하면, '하나님을 믿어도 잘되지 않을 수도 있다.' 겉으로 보기에는... 실상은 잘 되는 것입니다.

제가 이야기했습니다. 욥의 실상은 하나님의 사랑을 받고 있었고, 하나님의 자랑거리였다고 말입니다. 그러나 겉으로 보기에는 하나님을 믿어도 손해 볼 수 있고, 하나님을 믿어도 잘 안 될 수 있다는 것입니다. 왜? 세상이 악하고 타락하고 도덕적 질서가 해이해 졌기 때문입니다. 그러나 그 때도 바른 삶의 길은 무엇이냐 하면 하나님을 경외하는 것입니다. "하나님을 경외하는 것이 지혜"입니다. 도덕적 질서가 무너졌다고 신앙이고 뭐고 다 저버리고 자기 꾀대로 살아가는 것이 지혜라고 말하지 않습니다.

욥기보다 전도서를 읽으면 시대가 더 험합니다. 욥기는 "의인도 고난 받을 수 있다"까지 입니다. 그러나 전도서로 가면 "해 아래는 모든 것이 허무하다. 해 아래는 새 것이 없다. 그리고 해 아래 있는 모든 것이 헛되고, 헛되고, 헛되고 헛되다"는 이야기를 합니다. 전도서를 이해하는 열쇠는 그 '해 아래'라는 말입니다. 지금 전도자는 이 세상 만물이 다 헛되다가 아니고, 해 아래서 볼 때만 그렇다는 것입니다. 해 위의 세계가 있습니다. 해 위의 세계가 무엇이지요? 전도서에서는 그것을 '영원'이라고 부릅니다. "하나님께서 우리에게 영원을 사모하는 마음을 주셨다." 이 영원이라는 것은 하나님의 관점이고, 하나님의 통치입니다.

지금 이 세상은 타락하고 부패하고 하나님으로부터 멀리 떠나서, 이 해 아래에서의 세계에서만 보면 무질서하고, 혼란하고, 빠르다고 해서 항상 경주에서 이기는 것도 아니고, 재산을 많이 벌어도 헛된 것은 뒤에 오는 자가 그 재산을 제대로 지킬지 못 지킬지 누가 아느냐 하는 것입니다. 그래서 이것을 해보니 이것도 헛되고, 저것을 해보니 저것도 헛되다고 말하는 겁니다. 그러나 전도서의 맨 마지막에 무슨 이야기가 나옵니까? 결국은 "네가 모든 것을 하되 하나님께서 심판하실 날이 있다는 것을 기억하라"라는 말로 끝납니다. 무슨 말입니까? 해 아래 세계가 전부가 아니라는 것입니다. 언젠가 이 해 아래 세계에 영원의 세계가 침투해 들어올 것이라는 겁니다.

신약(新約)식으로 설명하면 우리 주님이 다시 돌아오시는 것입니다. 주님이 재림하시고 이 세상에 하나님의 나라가 완성될 때, 하나님의 통치가 굳건히 설 때, 모든 비뚤어지고 왜곡되고 구부러지고 망가진 인간의 악으로 인한 질서의 파괴가 회복되어서 모든 것이 하나님의 뜻대로 제 자리를 잡고 질서 정연한 그런 세상이 반드시 올 것입니다. 그래서 우리가 그것을 믿음으로 내다보고 오늘 하루하루를 살아갈 때 지혜는 무엇인가. 우리 눈의 관찰과 좀 다르다 할지라도 여전히 지혜는 하나님을 경외하라는 것, 그것입니다. 그것이 지혜로운 것입니다.

지혜는 하나님을 경외하는 것

자, 이제 욥기로 돌아가서 욥의 관점에서 봅시다. 욥은 지금 신앙의 위기를 맞았습니다. 욥은 자신이 당한 고난 때문에, 재산 잃고 자식 잃고 건강 잃은 것 때문에, 하나님을 원망하는 것이 아닙니다. 이것도 힘든 건 사실이지만, 욥은 그동안 하나님이 보여주셨던 모습과 전혀 다른 낯선 모습으로 대하시는 것에 더 괴로워하고 있는 것입니다. 그동안은 하나님과 교통하면서, 대화하면서 하나님과의 관계속에서 살았는데 이제는 응답하시지 않고, 외면하시고, 아무 말씀도 하지 않으시기 때문입니다.

그래서 욥의 신앙에 회의가 찾아 왔습니다. 이 흔들림 속에서 이 회의 속에서, 욥이 자기의 일을 계속 진술하는 가운데 이 지혜에 대한 고백을 하는 것입니다. 이건 욥의 고백입니다. 욥이 뭐라고 말하는 것입니까? 세상이 아무리 어지러워도 아무리 도덕적 질서가 구부러진 것 같아도 여전히 하나님을 경외하는 것, 그것이 지혜라고 욥은 말합니다. 그래서 욥은 끝까지 하나님을 경외하고, 하나님을 믿고 신뢰합니다. 그러자 하나님이 드디어 나타나십니다. 욥에게 하나님이 나타나십니다.

욥에게 하나님이 나타나시는 이 사건을 우리에게 적용한다면 주님이 다시 오시는 것입니다. 욥에게 나타나신 것처럼 우리 생전에 하나님이 직접 나타나셔서 음성을 들려주시진 않을 것입니다. 그러나 우리에게는 이미 하나님이 역사 속으로 들어오셨습니다. 예수 그리스도를 통해서 하나님의 음성을 들었습니다. 그리고 그 예수님이 다시 오신다는 약속을 하셨습니다. 그래서 우리는 그 약속을 꼭 붙잡고 주님의 재림을 대망하면서 오늘 하루하루를 삽니다.

세상 사람들의 눈에는 예수 믿는 사람들이 어리석게 보일 수 있습니다. 왜 그렇습니까? 우리는 우리의 모든 희망, 우리의 모든 소망, 우리의 모든 소원을 어디에 걸고 있습니까? 부활에 걸고 있습니다. 예수님의 재림에 걸고 있습니다. 그래서 고린도전서 15장에서 바울이 무엇이라고 말합니까? "부활이 없으면 모든 사람 중에서 우리가 가장 불쌍한 자일 것이다." 우리는 올인(all-in)한 사람들입니다. 어떤 사람들은 믿음 생활에 올인하고 싶지 않습니다. 왜냐하면 올인했다가는 망해버릴 것 같으니까, 신앙에 조금 투자해 둡니다. 나중에 예수님이 정말로 돌아오시면 큰일 나니까 믿는 시늉도 조금 하고, 헌금도 조금 하고, 주일에 가끔 교회 출석도 합니다. 그러나 이것이 아닐 수도 있습니다. 그러면 나중에 억울하지 않습니까? 그러니까 세상에도 한 발 걸치고, 세상에서도 자기의 몫을 챙기려고 합니다. 이런 것은 다 영적인 관점에서 볼 때 어리석은 것입니다. 지혜로운 것이 아닙니다. 지혜로운 것은 하나님을 경외하는 것, 철저히 하나님만 신뢰하고 하나님 앞에서 사는 것입니다.

욥이 체험한 구원

이제 욥에게 하나님이 나타나셨습니다. 그 장면을 보겠습니다. 욥기 38장입니다. "때에 여호와께서 폭풍 가운데로서 욥에게 말씀하여 가라사대 무지한 말로 이치를 어둡게 하는 자가 누구냐? 너는 대장부처럼 허리를 묶고 내가 네게 묻는 것을 대답할 찌니라. 내가 땅의 기초를 놓을 때에 네가 어디 있었느냐? 네가 깨달아 알았거든 말할 찌니라. 누가 그 도량을 정하였었는지, 누가 그 준승을 그 위에 띄웠었는지 네가 아느냐? 그 주초는 무엇 위에 세웠으며 그 모퉁이 돌은 누가 놓았었느냐? 그 때에 새벽 별들이 함께 노래하며 하나님의 아들들이 다 기쁘게 소리하였었느니라. 바닷물이 태에서 나옴 같이 넘쳐흐를 때에 문으로 그것을 막은 자가 누구냐? 그 때에 내가 구름으로 그 의복을 만들고 흑암으로 그 강보를 만들고 계한을 정하여 문과 빗장을 베풀고 이르기를 네가 여기까지 오고 넘어가지 못하리니 네 교만한 물결이 여기 그칠 찌니라. 하였었노라." 그러면서 계속해서 자연세계에 대한 묘사를 합니다.

그러다가 이제 39장으로 가면, 38장까지는 하나님께서 천문학(Astronomy), 지질학(Geology)에 대한 강의를 계속 하시다가 39장에서는 동물학(Zoology)으로 건너뛰시며 생물학(Biology)을 강의 하십니다. 그러면서 하나님께서 "네가 아느냐"라는 말을 계속 반복합니다. "내가 이 천지를 창조했을 때 너는 어디 있었느냐?" "내가 이 모든 것을 만들 때 너는 무엇을 하고 있었느냐?" "이러이러한 이치를 네가 아느냐?" "이러이러한 동물을 네가 아느냐?" 여러분, 여기서 배울 수 있는 것이 무엇입니까?

첫 번째는, 하나님은 질문하시는 분이지 대답하시는 분이 아니라는 것입니다. 지금까지 욥이 질문했습니다. "주여, 어디 계시오니이까? 하나님께서 계시다면 나에게 말씀하옵소서." "내가 나아가서 변백할 말을 내 입에 채우고 그 앞에 나아가 내 사정을 토로하리라. 저가 내 말을 외면하실까. 아니라 들으시리라." 욥은 하나님이 욥의 말을 듣고 욥에게 답하기를 원했습니다. 지금 우리 가운데도 그런 분들 있지요? 여러분, 그렇지 않습니까? 하나님에게 따지고 싶은 것이 많습니다. "하나님, 하나님이 이 세상을 운영하는 방식이 틀렸습니다. 내 삶에 역사하시는 하나님의 모습은 불공평했습니다. 이것도 잘못됐고 저것도 잘못됐습니다." 하나님을 만나면 따지고 싶은 것이 많습니다. 그럴 수 있습니다. 그러나 하나님을 한 번 만나 보십시오. 하나님이 따질 수 있는 분인지, 하나님이 얼마나 엄위하시고, 얼마나 광대하시고, 얼마나 높고 위대한 분이신지, 욥이 한 마디의 대답도 못합니다.

여러분, 하나님은 우리의 질문에 대답해야 될, 우리가 호출하여 증인석에 세워서 심문할 수 있는 대상이 아닙니다. 이것은 하나님을 너무나 모르는 소치이고 근본적으로 뒤바뀐 관점입니다. 하나님을 안다는 것은 제일 먼저 하나님의 주권을 인정하는 것입니다. 하나님은 크신 분입니다. 하나님이 주인이십니다. 하나님이 모든 것을 다스리시는 분이십니다. 그러므로 우리가 하나님 앞에 설 때에 하나님께 질문하고 따지는 것이 아니라 하나님께 대답해야 되는 존재인 것입니다. 그래서 욥은 하나님을 만났을 때 하나님의 질문을 듣습니다. 하나님이 질문을 퍼부어 대십니다. "네가 아느냐? 네가 알면 대답하라." "네가 대장부처럼 허리를 묶고 내가 너에게 묻는 말에 너는 대답할지어다." 하나님은 대답하는 분이 아니라 질문하는 분이십니다. 여러분, 우리는 모두 하나님의 심판대 앞에 설 것입니다. 하나님의 심판대 앞에 설 때에 우리는 대답해야 합니다. 여러분, 무엇이라고 대답하시겠습니까?

두 번째는 하나님이 말씀하시는 것은 창조입니다. 지금 이모든 것은 창조에 대한 것입니다. 하나님이 창조에 대해서 말씀하실 때, 무슨 의도가 그 안에 담겨있습니까? 첫 번째는 하나님이 주인이시라는 것입니다. "이 모든 것은 내가 만들지 않았느냐? 네가 한 일이 뭐가 있느냐? 네게 무슨 권한이 있느냐? 네가 날 때부터 내게 요구하고 따지고 나에게 그렇게 할수 있는 무슨 권리를 너는 가지고 있느냐?" 아닙니다. 여러분, 우리에게는 우리의 존재 자체가 은혜입니다. 여러분 중에 혹시 존재하기로 결심하고 이 세상에 존재한 분이 계십니까? 여러분 어디서 오셨습니까? 어머니가 낳으셨지요? 여러분의 어머니는 어디서 오셨습니까? 또 그 어머니가 낳으셨지요? 계속 거슬러 올라가면 하나님이 낳으셨습니다. 하나님이 지으셨습니다.

우리 존재 자체가 하나님의 은혜인데, 어떻게 우리가 하나님에게서 독립해서, 우리 나름대로의 근거를 바탕으로 서 있는 독립자처럼, 우리에게 어떤 권리가 있는 것처럼, 하나님과 따지고 대화하려고 할 수가 있습니까? 하나님이 주인이십니다. 그 다음에 하나님이 창조주시라는 말은 하나님이 전능하신 분이라는 말입니다. 하나님은 지혜로우시고 하나님은 능력 있는 분이십니다. 물론 우리 현대인들은 과학이 발달해서 이 모든 것들에 대해서 그 이치를 많이 깨달았지만 그렇다 할지라도 아직까지 우리가 모르는 것이 아는 것보다 더 많습니다. 그러니 그렇게 완벽하신 하나님, 그렇게 전능하신 하나님, 그렇게 능력 있으시고 모든 것을 아시는 하나님이 이 세상을 운영하는 방식이 잘못될 수 있습니까?

우리는 쓰나미를 가지고 따지고 싶습니다. "하나님, 왜 쓰나미가 있습니까? 이렇게 몇 십만 명의 사람이 무고하게 죽임을 당해야 옳습니까?" 우리는 모릅니다. 그러나 하나님이 우리만큼도 생각이 없으실까요? 하나님이 우리만큼도 그 일에 관심이 없으실까요? 하나님이 우리만큼도 정의감이 없으실까요? 우리가 분노하는 것 이상으로 하나님은 분노하시고, 우리가 슬퍼하는 것 이상으로 하나님은 슬퍼하시는 분이십니다.

우리 인간이 너무 하나님을 모릅니다. 우리들이 너무 너무 하나님을 모릅니다. 하나님을 모르니까 하나님을 경외하지 않습니다. 그러니까 우리는 모두 미련하고 어리석은 존재입니다. 성경은 가장 어리석은 자를 하나님이 없다고 하는 자라고 말합니다. "어리석은 자는 그 마음에 이르기를 하나님이 없다 하도다." 이 세상은 하나님이 지으신 세상입니다. 이 세상은 하나님의 세상이고, 하나님이 운행하시는 세상입니다.

그러므로 여러분, 이 세상의 질서를 바로 파악하기 위해서는 하나님의 질서가 이 세상에 있다는 것을 아셔야 합니다. 인간들이 타락하고 부패하고 도덕적으로 해이해져서 의인이 망하고 악인이 흥하는 이상한 세상을 만들어 놓았습니다. 그러나 하나님의 뜻 가운데서 일부 악을 허용하심에도 불구하고 그 모든 것을 아시며, 궁극적으로 당신의 선을 위하여 세상을 이끌어 가시고 운행해 가십니다. 그 질서를 좇아가는 것이 믿음이고 그것이 지혜인 것입니다.

이것이 욥기가 우리에게 가르쳐 주는 바입니다. 욥이 나중에 회개합니다. 욥이 회개하는 것은 무엇입니까? 한마디로 자신이 어리석었다는 것입니다. 자신이 뭘 몰랐다는 것입니다. 욥이 친구들하고 이야기할 때는 한마디도 지지 않았습니다. 욥의 세 친구가 말로 욥을 당할 수 없었습니다. 욥의 세 친구들이 욥에게 상식적인 지혜, 잠언의 지혜를 말하면 욥은 이렇

게 말합니다. "그 정도는 나도 알고 있다. 그걸 누가 모르겠는
가. 그러나 그 지혜가, 그 잠언의 가르침이 적용되지 않는 그
러한 상황에서는 너희는 뭐라고 말할 것이냐?" 거기에 대해서
욥의 세 친구는 아무 대답을 할 수 없었습니다. 왜냐하면 그들
은 알지 못했으니까요. 그러면 욥은 알았습니까? 욥도 몰랐습
니다. 모르면서 입이 부풀어서 계속 하나님께 마치 자신에게
대답해야 될 의무라도 있는 분이신 것처럼 하나님을 추궁하고
하나님을 원망하고 하나님께 불평했던 것입니다. 그러나 하나
님이 나타나시고 하나님이 말씀하시니 욥이 순간적으로 어떻
게 됩니까? 욥이 자기 자리를 찾습니다. "아! 나는 피조물이구
나. 나는 기껏해야 피조물이구나. 나는 죄인이구나. 하나님 그
분은 창조주이시고, 하나님 그 분은 주인이시구나."

여러분, 앤드류 머레이(Andrew Murray)라는 19세기의 유명
하고 위대한 영성가가 있습니다. 글을 많이 쓰셨습니다. 그 앤
드류 머레이의 대표작 중에 겸손(Humility)이라는 책이 있습니
다. 그는 인간의 겸손을 하나님의 창조로부터 시작합니다. 우
리는 피조물로서 마땅히 겸손해야 한다는 것입니다. 우리가
피조물의 자리에 머물러야 한다는 것입니다. 지금 세상의 문
제는 무엇입니까? 자기들이 피조물인데도 불구하고 창조주의

머리 꼭대기로 올라가 있는 것입니다. 모두 하나님을 모르는 소치입니다.

그 다음에 세 번째는 하나님이 나타나셨습니다. 우선 처음에 하나님은 대답하는 분이 아니고 질문하시는 분이었습니다, 그 다음에 하나님의 질문은 창조에 관한 것으로써 하나님이 주인이시고 하나님이 전능하시고 하나님이 가장 지혜로운 분이신 것을 보여 준다는 이야기를 했는데, 세 번째는 하나님의 나타나심 자체가 구원이었습니다. 욥이 하나님을 보고나니 그 자체가 구원이었습니다. "지금까지 내가 귀로 듣기만 했는데 이제는 내 눈으로 주님을 뵈옵습니다." 그렇습니다. 저는 사실 하나님께 따질 마음은 없습니다. 저도 그 정도는 알고 있습니다. 그러나 하나님께 질문하고 싶은 것은 몇 가지 있습니다.

저는 히브리서의 저자가 아볼로라고 굳게 믿고 있습니다. 그런데 히브리서의 저자가 누구인지 알 수 없다는 것이 현재까지의 신학자들의 결론입니다. 저는 천국에 가면 꼭 물어보고 싶습니다. "저의 모든 관찰의 결과는 아볼로가 히브리서의 저자인데 그렇지 않습니까? 제가 맞을 것이라는 확신이 있는데..." 그런 질문이 좀 있습니다. 그런데 우리가 주님을 만나게 되면 우리는 불현듯 깨달을 것입니다. 우리가 처음부터 다 알고 있었다는 것을 말입니다. 히브리서의 저자를 알고 있었다는 이야기가 아니라 하나님의 뜻이 무엇인지 하나님이 정하신 질서가 무엇이었는지 우리가 처음부터 다 알고 있었다는 것 말입니다. 지금 하나님을 무시하는 사람들이 있습니다. 하나님이 없다는 사람들이 있습니다. 리차드 도킨스처럼 아주 적극적인 무신론자들이 있습니다.

제게 무신론자들의 책이 몇 권 있습니다. 너무나 예리하고 날카로워서 책을 읽을 때마다 식은땀이 흐릅니다. 제가 가진 신앙을 뿌리 채 흔들려고 그럽니다. 그런데 그 책의 저자 중에 기독교 목사도 있습니다. 여러분, 기독교 목사가 무신론자가 됐으니 기독교인들이 변증하는 내용을 얼마나 잘 알겠습니까? 성경을 얼마나 잘 알겠습니까? 그런 것을 다 인용하면서 기독교를 공박해 옵니다. 참 아픕니다. 그러나 그 정도로 제 신앙은 흔들리지 않습니다. 기독교에 아주 뛰어난 변증가들이 많이 있습니다. 그 정도의 공격에는 우리가 답변을 못해도 괜찮습니다. 우리가 몰라도 괜찮습니다. 우리보다 뛰어난 분들이 그 일을 해주고 계십니다. 다 답변해 주고 계십니다. 그렇게 하나님이 없다고 우겨대는 무신론자들이 있습니다.

그러나 성경에 보면 "하나님을 알만한 것이 저희 속에 분명히 나타나 보임이라. 저희가 핑계치 못할 지니라"고 되어 있습니다. 나중에 하나님의 심판대 앞에 설 때 이것을 깨달을 것입니다. 우리가 하나님이 계신 것을 처음부터 알고 있었다는 것을. 그런데 우리가 하나님을 알고 있다는 그 사실을 모르고 있었다는 것을. 이것은 말장난이 아닙니다. 우리가 어떤 것을 압니다. 그러나 그 진리가 불편하니까 그 진리를 억누르는 것입니다. 그래서 불의로 진리를 막는 자들이라고 말하고 있습니다. 하나님이 없다고 믿는 편이 좋으니까, 하나님이 없다고 부인하며 하나님이 계시다는 것을 알고 있는 지식을 자꾸 억누릅니다.

그런데 심판대 앞에서 그 모든 것이 확연하게 드러날 것입니다. 여러분, 하나님은 절대 우리가 모르고 있는 내용에 대해서 심판하시지 않습니다. 우리 하나님은 공정하신 분이십니다. "하나님, 제가 몰랐는데요." 그렇게 말하면 "몰랐어도 그것은 네 잘못이야." 이러지 않으십니다. 그러나 하나님 심판대 앞에 섰을 때 우리는 알 것입니다. 무엇이 옳고 무엇이 그른지 우리가 알고 있었다는 것을. 그러나 우리의 비뚤어진 심성과 우리의 죄 때문에 우리가 알고 있는 진리들을 억누르고

거부하고 무시하고 덮어두고 있었다는 것을 말입니다. 하나
님이 나타나실 때 우리가 그 하나님을 보게 될 것입니다. 심
판대 앞에서 예수님을 보게 될 것입니다. 우리 모두는 예수님
을 보게 될 것입니다.

그런데 어떤 사람들에게는 심판대에 앉으신 분이 구세주
이십니다. 여러분이 예수님을 믿는다면 심판대 앞에 서실
때 두려워하실 필요 없습니다. 심판대에 앉으신 그 분이 우
리를 위해 죽으시고 부활하신 우리의 구세주이십니다. 그것
만이 저의 유일한 희망입니다. 그런데 어떤 사람들은 심판
대에 앉으신 예수님, 그 예수님을 거부했습니다. 그 예수님
을 무시했습니다. 그래서 그 예수님으로부터 심판을 받아야
할 것입니다. 우리 믿는 자들에게는 하나님의 나타남, 하나
님을 만남, 그 자체가 구원입니다. 이것이 욥이 체험한 구원
이었습니다.

지혜의 결국 예수그리스도

마지막으로, 성경이 지혜를 계속 논하는데 욥기가 지혜
의 결론이 아닙니다. 전도서도 지혜의 결론이 아닙니다. 지
혜의 결론은 무엇이지요? 신약입니다. 신약에 오면 그리스

도가 하나님의 지혜라는 말씀을 합니다. 결국은 그리스도가, 이 모든 세상을 운영해 가시고 운행해 가시는 하나님의 질서의 통합체입니다. 그리스도가 지혜라고 하는 말이 무슨 말이냐 하면 이 자연적 질서, 도덕적 질서, 영적 질서 등, 이 세상을 움직여 가시는 그 모든 하나님의 방식이 궁극적으로 완성되는 곳이 '그리스도 안에서'라는 것입니다. 그리스도를 통해서 하나님은 이 세상을 다스리시고, 그리스도를 통해서 하나님은 이 세상을 구원하십니다.

그러므로 그리스도를 모르는 사람은 이 세상의 모든 것에 통달한다 할지라도 어리석고 미련한 자입니다. 그러나 그리스도를 아는 자는 다른 모든 것을 몰라도 지혜로운 자가 되는 것입니다. 왜냐하면 그리스도가 하나님의 지혜이기 때문입니다. 이처럼 그리스도가 하나님의 지혜라는 첫 번째 의미는 하나님께서 모든 일을 그리스도를 통해서 하신다는 것입니다. 그래서 바울에게 가장 빈번히 등장하는 용어가 무엇입니까? '그리스도 안에서'(In Christ)입니다. 우리의 삶은 그리스도 안에서 이루어집니다. 우리는 무엇을 하든지 그리스도 안에서 해야 합니다. 그리스도의 뜻을 좇아서, 그리스도의 본을 좇아서.

그리스도는 하나님의 지혜라는 말의 두 번째 의미는 그리스도가 지혜의 길을 가장 완벽하게 걸어가신 분이라는 뜻입니다. 지혜가 무엇입니까? 하나님을 경외하는 것입니다. 욥도 하나님을 경외하는 사람이었지만 그조차도 중간에 흔들렸습니다. 그러나 그리스도는 처음부터 끝까지 온전히 하나님을 경외하셨습니다. 그래서 그리스도가 지혜이신 것입니다. 그리스도가 지혜라는 것은 두 가지 측면이 있습니다. 하나는 하나님께서 모든 일을 그리스도를 통해서 하시고, 세상의 모든 질서도 그리스도 안에서 통합하며 완성하신다는 것입니다. 다른 하나는 그리스도 자신이 하나님을 온전히 경외하신 지혜의 본이 되신다는 것입니다.

욥기의 결론은 "하나님을 경외하라"

이제 이것으로 욥기 강해를 마치려고 합니다. 먼저, 사탄의 오해가 있었습니다. 사탄의 도전이 있었습니다. "하나님께서 복주시지 않으면 아무도 하나님을 경외할 사람이 없습니다." 거기에 대한 실상은 무엇입니까? 하나님이 하나님이시기 때문에 그분만을 경배하고 섬겨야 한다는 것입니다. 그리고 그런 사람이 있었다는 것입니다. 그 사람이 욥이었습니다.

두 번째, 친구들의 오해가 있었습니다. "네가 고난 겪는 것은 죄 때문이다." 이 말을 뒤집으면 "하나님이 정말 너를 사랑하시고 너에게 복주고 계시다면 너는 외적으로 물질적으로 번영할 것이다. 그러나 그렇지 않은 것을 보니 하나님의 사랑과 복에서 제외된 자다."라는 도전입니다. 그것에 대해서 실상은 무엇입니까? 우리의 외적인 상황이 어떠하든지 관계없이 하나님의 선하심과 사랑을 믿고 붙잡아야 한다는 것입니다.

하나님이 사랑하시는 사람은 어떤 사람입니까? 누가 하나님의 사랑을 가장 많이 받은 사람입니까? 부자도 아니고 유명한 사람도 아니고 똑똑한 사람도 아니고, 건강한 사람도 아닙니다. 하나님을 가장 사랑하는 자, 그 자가 하나님의 사랑을 가장 많이 받은 자입니다. 하나님은 가장 사랑하시는 자에게 믿음의 복, 하나님만을 섬기고 사랑하는 그 복을 주십니다. 그래서 여러분, 남들이 잘 먹고 잘 살고 잘 된다고 해서 부러워하지 마십시오. 그러나 정말 하나님을 사랑하는 자, 정말 그 중심에 주님의 뜻대로 살고 싶어 하는 자를 만나면 부러워해야 합니다. 존경해야 합니다. "나도 당신처럼 되고 싶다." 그런 마음을 가져야 합니다.

세 번째 장에서는 욥의 회의를 살펴보았습니다. 외적인 고난, 재산 잃고 자식 잃고 거기에 건강 잃은 것 까지도 욥은 그 것으로 인해 하나님을 원망하지 않았습니다. 그러나 하나님이 자기에게 이런 시련을 주시는 이유를 말씀해 주지 않고, 외면하고, 침묵하자 욥은 그 하나님에 대해 회의하기 시작합니다. 그리고 그 회의가 너무나 혹독해서 욥의 시련이 너무 너무 힘들었습니다. 그러나 그 혹독한 회의의 시련을 겪어 가면서 욥이 도달한 두 가지 결론이 있었습니다. "나의 가는 길을 오직 그가 아시나니 그가 나를 단련하신 후에는 내가 정금같이 나오리라." "내가 알기에는 나의 구속주가 살아 계시니 후일에 그가 땅위에 서실 것이라. 나의 가죽 이것이 썩은 후에 내가 육체 밖에서 그를 보리라." 자기 인생의 길을 자기는 모른다고 고백합니다. 그것은 하나님께 맡기고 단지 자신을 이끌어 가시는, 자신의 손을 붙잡고 이끌어 가시는 "내 주님만을 나는 안다"라는 정금 같은 신앙고백을 하게 됩니다.

네 번째 장에 우리는 고난을 살펴보았습니다. 욥은 고난을 통해서 유익을 얻었습니다. 그 유익이 무엇입니까? 깨어짐(brokeness)입니다. 결국은 욥이 마지막까지 놓기 힘들었던 문제는 자기 의였습니다. 예수님을 잘 믿으려고 하면 잘 믿으려고 할수록 빠지는 위험이 자기 의입니다. 여러분, 성자들이 제일 많이 싸워야 될 신앙의 문제가 자기 의입니다. 자기 의를 극복하지 못하는 사람은 바리새인이 되고 맙니다. 그러나 자기 의를 극복할 때, 그래서 모든 것이 하나님의 뜻대로 이루어지이다라고 고백할 수 있을 때, 모든 것이 은혜라고 고백할 수 있을 때, 우리는 비로소 하나님의 쓰임을 받을 수 있습니다.

지금도 여러분과 저의 가장 심각한 문제는 우리의 자아입니다. 우리는 많은 다른 문제를 지적하고 다른 요소를 불평합니다. 이 상황이 이랬으면 저 상황이 저랬으면 합니다. 그러나 그것이 문제가 아닙니다. 우리 속에 있는 자아가 깨어지지 않는 것이 문제입니다.

그리고 오늘 마지막으로 지혜에 대해서 살펴보았습니다. 지혜는 눈에 보이는 것이 어떻든지 관계없이 하나님 그 분을 경외하는 것입니다. 이 세상은 하나님의 세상이고 하나님이 이끌어 가시는 세상입니다. 그러므로 하나님을 경외하고 하나님의 지혜이신 그리스도 안에서 그리스도를 본받아 살아가는 여러분과 제가 되기를 바랍니다.

2부
전도서 강해

"일의 결국을 다 들었으니 하나님을 경외하고 그의 명령들을 지킬지어다.
이것이 모든 사람의 본분이니라. 하나님은 모든 행위와 모든 은밀한 일을
선악 간에 심판하시리라"(전도서 12장 13-14절, 개역개정).

지혜로운 삶을 위한 세 가지 권면

1장 | 분복 : 해 아래서 자족하고 감사하는 마음

2장 | 본분 : 선을 추구하고 영원을 사모하는 마음

3장 | 지혜 : 하나님을 신뢰하고 경외하는 마음

해 아래서 자족하고
감사하는 마음

"사람이 먹고 마시며 수고하는 것보다 그의 마음을 더 기쁘게 하는 것은 없나니 내가 이것도 본즉 하나님의 손에서 나오는 것이로다. 아, 먹고 즐기는 일을 누가 나보다 더 해 보았으랴. 하나님은 그가 기뻐하시는 자에게는 지혜와 지식과 희락을 주시나 죄인에게는 노고를 주시고 그가 모아 쌓게 하사 하나님을 기뻐하는 자에게 그가 주게 하시지만 이것도 헛되어 바람을 잡는 것이로다"(전도서 2장 24~26절, 개역개정).

세 번에 걸쳐서 전도서의 메시지를 살펴보고자 합니다. 그런데 많은 사람들이 전도서에 대해서 불편함을 느끼는 것 같습니다. 전도서에는 반 신앙적인 내용들이 곳곳에서 눈에 띄는 것 같기 때문입니다. 전도서는 지혜 문학의 하나입니다. 그런 전도서가 지혜까지도 폄하하는 것처럼 보이는 "지혜도 결국은 헛되다"는 말을 합니다. 그리고 "해 아래 모든 것이 헛되다." "헛되고, 헛되고, 헛되고, 헛되니" 같은 허무주의의 탄식을 발합니다.

전도서에 대한 논란

아무튼 전도서를 읽으면서 "이 책이 과연 성경에 들어 있을 수 있는 책인가"하는 의구심을 가지는 사람들이 많습니다. 주석이나 참고서를 보면 학자들 가운데도 전도서는 성경에 들어가서는 안 될 책이라고 생각하는 사람들이 있습니다. 또 어떤 사람들은 "전도서는 짜깁기된 책"이라고 보기도 합니다. 원래는 비 신앙적인 허무주의적 책인데 거기 신앙적 요소를 조금 더해서 성경 안에 있게 된 책이라는 것입니다.

이런 다양한 평가가 있기도 합니다만 전도서의 결론을 보면 확실히 전도서는 신앙의 책인 걸 알 수 있습니다. 전도서의 맨 마지막 두 구절 12장 13절, 14절을 보겠습니다. "일의 결국을 다 들었으니 하나님을 경외하고 그 명령을 지킬지어다. 이 것이 사람의 본분이니라. 하나님은 모든 행위와 모든 은밀한 일을 선악 간에 심판하시리라." 이것이 전도서의 결론입니다. "일의 결국을 다 들었으니 하나님을 경외하고 그의 명령을 지킬지어다. 이것이 사람의 본분이다." 이것 이상의 더 정통신앙이 있을 수 없습니다. 전도서는 바로 이러한 정통신앙의 고백으로 끝을 맺습니다. 그렇기 때문에 우리가 전도서에 대해 어떤 느낌을 갖던지 간에 전도서는 분명 성경 안에 있는 책이고 하나님의 말씀인 것을 우리는 받아들입니다.

문제는 이런 것입니다. 욥기와 마찬가지로 전도서도 전체를 파악하고 나서 부분을 이해할 수 있다는 것입니다. 여러분, 욥기의 많은 부분은 욥과 세 친구의 대화로 되어 있습니다. 그런데 욥과 세 친구가 대화하는 내용을 모두 읽으면서 우리가 느끼는 것은 친구들의 말이 오히려 더 옳게 느껴진다는 것입니다. 친구들은 계속해서 욥에게 "네가 회개하면, 네가 돌이키면, 하나님이 복을 주실 것이다." 그 중의 빌닷은 이렇게 말합니다. "네가 회개하고 돌이키면, 네가 하나님 앞에 바로 네마음을 정하면, 네 시작은 미약하였으나 네 나중은 심히 창대하리라." 이 구절은 아마 한국 기독교인들이 경영하는 식당에서 가장 많이 볼 수 있는 것 같습니다. 식당마다 "네 시작은 미약하였으나 네 나중은 심히 창대하리라" 이런 말이 붙어 있습니다.

그런데 욥기의 결론에 가 보면 하나님은 욥의 편을 들어 주십니다. 욥의 세 친구들이 틀렸다고 책망하십니다. 그래서 우리는 욥기를 다시 보게 되는 것입니다. 욥의 세 친구들의 말은 얼핏 보면 다 옳은 것 같은데 궁극적으로 하나님의 평가에 의하면 틀린 말이었습니다. 그리고 욥은 불평을 많이하고 불경건한 말을 내뱉는 듯 싶었는데 하나님은 욥의 편을 들어 주셨습니다. 그런 점을 우리가 잘 파악하면 욥기의 기가 막힌 메시지를 알 수 있습니다.

전도서도 마찬가지입니다. 전도서도 전체를 파악하고 나서 부분 부분을 읽으면 각 부분들에서 느꼈던 의구심을 떨쳐 버릴 수 있습니다. 그리고 역으로 비 신앙적으로 묘사되었다고 느껴졌던 부분들이 정말 정곡을 찌르고 있다는 사실을 깨닫게 될 것입니다. 그래서 우리가 이제 전도서에 대한 어떤 불신이나 회의 같은 마음을 떨쳐 버리고, 정말 우리가 귀담아 들어야 될 귀한 메시지를 가지고 있는 책이라는 확신과 함께 전도서에 접근하도록 하겠습니다.

먼저 이 전도서의 화자(話者), 즉 전도서 안에서 계속 말을 해 나가는 화자인 전도자는 어떤 사람인가를 생각해 보겠습니다. 전도자는 히브리말로 코헬렛이라고 합니다. 코헬렛이 어떤 역할을 하는 사람이냐 하면 사람들이 모여 있는 집회에서, 그 집회의 맨 앞에서 말하는 사람입니다. 사회를 보거나 가르치거나 그 집회를 인도하는 사람입니다. 이 코헬렛을 영어성경에서는 선생(teacher)이나 설교자(preacher)로 번역하기도 합니다. 우리말 성경은 설교자(preacher)라는 뜻으로 전도자라는 말을 쓰고 있습니다. 그런가하면 많은 학자들은 번역하기 어려운 단어라고 그냥 원어로 코헬렛이라고 쓰기도 합니다. 심지어 데렉 키드너(Derek Kidner)라고 하는 학자는 프로페서(professor)라고 할 수도 있다고 했습니다.

제가 보기에 코헬렛은 철학자, 필라소퍼(philosopher)입니다. 전도서는 인생에 대해서 깊이 고민하고, 궁구하며 묵상한 지혜자이자 철학자가 우리에게 들려주는 말이라고 생각할 수 있습니다.

전도서 저자

이 전도자는 자신을 다윗의 아들이요, 이스라엘의 왕이라고 소개합니다. 그래서 사람들은 전통적으로 이 전도자를 솔로몬으로 이해해 왔습니다. 그러나 요즘에는 그런 견해가 많이 바뀌었습니다. 전도서를 주의 깊게 읽어 보면 전도자가 "나는 한때 이스라엘의 왕이었다"라고 과거로 표현하는 것을 볼 수 있습니다. 그리고 전도서에 담긴 지혜의 내용은 솔로몬의 지혜를 담은 잠언과 많은 차이가 있습니다. 그래서 요즘은 솔로몬이 전도서의 저자라고 보지 않고, 솔로몬의 지혜의 전통을 따르는 후대의 어떤 무명의 저자가 전도서를 쓴 것 아닌가라고 생각합니다. 이 말은 솔로몬이 아니라는 뜻 보다는 솔로몬의 지혜의 전통에 서 있기 때문에 얼마든지 솔로몬의 입장에서 이 말을 하는 것처럼 적힐 수 있었다는 뜻입니다. 어쨌든 우리는 그런 관점에서 전도서를 파악하도록 하겠습니다.

전도자는 이 책을 어떻게 썼을까요? 즉, 여기 담긴 내용들을 그는 어떻게 파악하고 알게 되었을까요? 전도자는 탁상이론가가 아닙니다. 책상머리에 앉아서 그저 펜대나 굴리면서 머릿속에 떠오르는 대로 이 전도서를 쓴 것이 아닙니다. 이 사람은 구체적이고 실제적으로 일어나는 일들을 관찰했고, 자기가 경험을 했습니다. 1장 12절, 13절에서 전도자는 이렇게 말합니다. "나 전도자는 예루살렘에서 이스라엘 왕이 되어 마음을 다하며 지혜를 써서 하늘 아래서 행하는 모든 일을 궁구하며 살핀즉 이는 괴로운 것이니 하나님이 인생들에게 주사 수고하게 하신 것이라." 전도자는 해 아래서 벌어지는 일들을 관찰했습니다. 그리고 지혜를 사용하여 그것을 궁구하며 살폈습니다. 전도서 2장 같은 곳에는 자신이 직접 행하고 경험한 일도 말하고 있습니다. 여러분, 우리는 경험 있는 자의 말을 귀담아 들어야 합니다. 누군가 경험이 있는 사람이 자신의 경험을 가지고 말하는 것을 무시하는 것은 어리석은 것입니다. 그래서 인생을 많이 사신 분들, 인생의 연륜이 있는 분들이 인생에 대해서 말씀하시는 것을 귀담아 들어야 하는 것입니다.

제가 오래 전에 한국을 방문한 적이 있습니다. 거기서 어떤 친구를 만났는데 그 친구는 미국에 와 본 적이 없었습니다. 자기 형이 미국에서 살기 때문에 자기 형을 통하여 미국에 대해서 들었습니다. 그런데 저하고 미국에 대해 얘기하는데 제가 졌습니다. 미국에서 살다가 나간 저보다 미국을 더 많이 알았습니다. 그래서 제가 "내가 경험한 것은 그렇지 않던데"라고 하면 "그건 네가 몰라서 그런 거야." 그러면서 미국은 이러이러하다고 단정적으로 말하는 것입니다. 그래서 결국 제가 말로 당할 수 없었지만 생각해 보십시오. 미국에서 살다온 사람이 미국에 대해 말하는 것과 미국에 한 번도 안 가본 사람이 들은 것으로 말하는 것 중에 어느 것이 더 낫겠습니까? 그렇습니다. 경험을 무시하고 오래 산 것을 무시하는 것은 어리석은 일입니다. 전도자는 인생에 대해서 정말 할 말이 있는 사람입니다. 이런 분의 말에 우리가 귀를 기울이지 않는다면 그것은 우리의 손해고 우리의 어리석음일 것입니다.

전도서와 잠언의 차이

전도자는 인생문제에 접근하는데 있어서 잠언과 차이를 보입니다. 잠언은 이상주의입니다. 잠언의 지혜는 '이러이러한 것이 옳다.' 또는 '사람은 마땅히 이러이러해야 한다.'라는 식으로 지혜를 가르칩니다. 그것은 이상적입니다. 마땅히 그래야 하는 것입니다. 그러나 전도서는 그렇게 말하지 않습니다. '마땅히 이러이러해야 한다'로 시작하지 않고, '내가 보니, 내가 보니'라고 시작을 합니다. 현실에서 시작하는 것입니다. 아무리 이상이 좋으면 무엇하겠습니까. 현실에서 그렇게 되지 않는다면... 그래서 현실에서 실제 벌어지고 있는 일들, 즉 현실에서 자기가 직접 피부로 느끼고 경험한 사실들을 가지고 말을 시작합니다. 전도서의 입장은 철저하게 현실적입니다. 여러분, 이런 접근에 마음이 움직이는 사람들이 있을 것입니다.

교회에 오면 목사님이 항상 교과서적인 정답만 말합니다. 목사님은 "인간은 이렇게 살아야 됩니다. 믿음이란 이런 것입니다." 늘 이렇게 가르치지 않습니까? 그리고 "믿음으로 살면 하나님이 우리를 책임져 주십니다. 하나님의 인도를 따라 사는 삶이 가장 복되고 보람되고 행복합니다"라고 합니다. 교인들은 대부분이 "아멘"합니다. 그런데 어떤 사람은 동의가 안 되는 것입니다. 믿음으로 산다는 사람들을 가까이서 보니까 별로 행복해 보이지도 않고, 목사님 말씀처럼 믿음으로 살 때 모든 일이 잘되는 것 같지도 않은데 모두 "아멘, 아멘" 하니까 아닌 것 같다고 말을 할 수도 없습니다. "목사님, 설교 잘 들었습니다"하고 집에 돌아오지만 속에 뭐가 딱 얹혀 있는 느낌입니다. 교회에서는 항상 고리타분하고 너무 당연한 이야기들만 듣고, 현실에 와서 부딪혀 보면 그것이 아니라는 생각이 듭니다.

그런데 어떤 사람이 간증을 합니다. "나는 예수 믿고 망했습니다." 이렇게 시작하는 것입니다. 그리고 나서 예수 믿고 처음에는 잠시 행복했는데, 어려운 일이 생기기 시작하고, 핍박이 오기 시작하고, 정직하게 사업하라고 해서 그렇게 했는데 망했고, 예수 믿었다가 남편에게 구박받고 거의 쫓겨날 뻔했고, 또 병까지 얻었고, 이런 이야기들이 계속됩니다. 그러면 듣는 중에 이 사람은 반가운 것입니다. "맞아, 내가 하고 싶었던 말이었어. 예수 믿는 사람들도 그렇더라고. 목사님 말처럼 되지 않더라고" 이런 생각이 듭니다. 그런데 그 간증하는 분이 맨 마지막에 "그럼에도 불구하고 나는 하나님 살아계심을 확신하게 되었습니다. 정말 성경이 진리임을 알게 되었습니다" 라고 결론을 내리면 오히려 그쪽에는 마음이 움직이는 것입니다. 왜냐하면 의구심을 풀어 주기 때문입니다. 현실에서 시작해서 현실에 두 발을 딛고 말을 하기 때문입니다. 그래서 전도서가 필요한 것입니다.

잠언만 놓고 이야기하면 어떤 사람들은 잠언에 대해서 실망합니다. "누가 이것을 모르느냐"라고. "누가 정직하게 살아야 하는 것을 모르느냐"라고. 정직하게 살기에는 너무 어려운 상황에서 어떻게 살아야 되느냐는 반문이 있을 수 있지 않습니까? 그러나 전도서는 이런 말을 하는 것입니다. "이 세상은 불공평하다. 이 세상에는 불의가 많다. 이 세상에는 정말 말도 안 되는 부조리와 모순이 있다. 빠르다고 경주에서 이기는 것이 아니고 의인이 꼭 잘되는 것도 아니다." 심지어는 지혜조차도 헛되다고 합니다. 이런 말이 그런 사람들의 마음을 움직이는 것입니다. 여기에 전도서의 묘미가 있는 것입니다.

그런데 전도서가 허무를 말하고 계속해서 부정적인 관찰을 하다 끝난다면 전도서는 신앙의 책이 아닐 것입니다. 전도서는 조금 전에 읽은 "일의 결국을 다 들었으니 하나님을 경외하고 그 명령을 지킬지어다. 이것이 사람의 본분이니라"라는 정통신앙으로 끝을 맺습니다. 이제부터 전도자의 회의를 통해서, 전도자의 그 허무를 통해서 결국은 도달한 자리, 신앙의 그 자리는 어떤 것인가를 우리가 살펴보도록 하겠습니다.

조금 전에 말씀드린 것처럼 전도자는 현실주의자입니다. 그래서 전도서는 현실에서 시작합니다. 이런 전도서를 이해하는 열쇠가 있습니다. 그것은 전도서에 가장 많이 나오는 단어들을 이해하는 것입니다. 전도서에 가장 많이 나오는 단어는 '헛되다'라는 단어입니다. 이것이 37번 나옵니다. 그리고 두 번째로 많이 나오는 단어가 '해 아래서'라는 말입니다. 이것이 30번 나옵니다. 그 밖에도 많이 나오는 단어들이 있는데 이 두 단어가 가장 많이 나옵니다. "헛되도다. 헛되도다." "해 아래서, 해 아래서." 그래서 이 둘을 합치면 전도서의 메시지를 알수 있습니다. 전도서가 말하고자 하는 것은 "해 아래서 일어나는 모든 일, 해 아래서의 삶은 헛되다"는 것입니다. 여러분, 여기에 동의할 수 있습니까?

여러분, 전도자의 허무주의는 절대적 허무주의가 아닙니다. 절대적 허무주의라는 것은 "인간에게는 아무 소망이 없다. 신을 믿지 않기 때문에, 무신론이기 때문에 결국은 소망을 찾을 수 있는 길이 전혀 없다"고 생각하는 것입니다. 전도자는 그렇게 말하는 것이 아닙니다. 전도자는 "해 아래서의 삶이 헛되다"라고 말하는 것입니다. 전도서를 읽으면 먹구름이 잔뜩 끼어서 캄캄한 세상에 가끔씩 구름을 뚫고 밝은 한줄기 빛이 비치는 것을 볼 수 있습니다. 그 빛은 무엇을 보여주지요? 해 아래서의 세상이 전부가 아니라, 해 위의 세상이 있다는 것입니다. 사실 전도자가 가리키고 싶었던 것은 해 위의 세상입니다. 해 아래서의 세상만 놓고 보면 이것은 허무하고 헛된 것이라는 것입니다. 그래서 전도서의 허무주의는 해 아래서의 세상에 대한 허무주의입니다. 전도자가 끝내 허무주의로 끝내지 않는 이유는 전도자의 눈에는 해 위의 세상이 있는 것입니다.

해 아래서의 삶은 헛되지만 해 위의 세상이 있기 때문입니다.

이생(this present life)이 전부라면 인생은 정말 허무하고 헛된 것입니다. 그러나 영원(永遠)이 있다는 것입니다. 해 위의 세상에 하나님이 계십니다. 영원은 하나님께 속한 것입니다. "하나님이 살아 계시고, 해 위의 세상이 있고, 시간을 넘어선 영원이 있기 때문에 인생은 궁극적으로 무의미하지 않다. 거기에 우리의 구원이 있다." 이것이 전도자가 말하고자 하는 요점입니다. 그러나 그 정답으로 가기 이전에 먼저 해 아래의 세상에 대해서, 현실에 대해서 말하는 것입니다. 전도자는 현실에 절망하고 또 절망했습니다. 만약에 우리가 전도자의 이 말에 동의하지 못한다면, 현실에 대해서 전도자처럼 허무를 느끼고 절망을 느끼지 못한다면, 그만큼 해 위의 세상에 대한 소망과 긍정은 약해질 것입니다. 전도자는 해 아래서의 세상만으로는 희망이 없다는 것입니다. 그것은 헛되다는 것입니다. 그럼으로써 우리의 시야를, 우리의 눈을 해 위의 세상으로 영원으로 하나님께로 향하게 합니다.

전도자가 관찰한 해 아래서의 삶

그렇다면 전도자가 관찰한 해 아래서의 삶은 어떤 것인가를 살펴보도록 하겠습니다. 전도서 1장 1절부터 11절에서 전도자가 이런 말을 합니다. "전도자가 가로되 헛되고 헛되며 헛되고 헛되니 모든 것이 헛되도다. 사람이 해 아래서 수고하는 모든 수고가 자기에게 무엇이 유익한고. 한 세대는 가고 한 세대는 오되 땅은 영원히 있도다." 그리고 "해는 떠서 다른 곳에서 지고, 바람은 이리저리 불며" 이런 이야기를 하고 그 다음에 이런 말을 합니다. "모든 강물은 다 바다로 흐르되 바다를 채우지 못하며 어느 곳으로 흐르든지 그리로 연하여 흐르느니라. 만물의 피곤함을 사람이 말로 다 할 수 없으니." 전도자는 이 세상을 바라보면서 만물의 피곤함을 느꼈습니다. 여러분, 세상을 바라보면서 만물의 피곤함을 느껴본 적이 있습니까? 어떻게 그렇게까지 그 마음에 허무를 느끼는 것일까요?

전도자는 처음에 자연의 무상함을 말합니다. 해는 떠서 지는 곳으로 가고, 그 다음에 또 다시 똑같이 떠서 또 다시 지는 곳으로 가고, 바람은 이리저리 불지만 정처가 없고, 모든 강은 바다로 연하여 흐르지만 바다를 채우지 못하고, 한 세대는 가고 한 세대는 또 오고, 땅은 영원히 있고. 여러분, 자연이 무상하다는 느낌을 가지신 적이 있습니까? 이렇게 한번 생각해 보십시오. 존재하는 것이 자연 뿐이라면, 해 아래서의 자연이 전부라면, 그것은 정말 허무하지 않을까요? 여러분, 지금 현재 가장 강력한 세계관은 자연주의입니다. 기독교에 도전해 오는 가장 강력한 세속적 세계관은 자연주의입니다. 자연주의란 있는 것은 자연 뿐이고, 모든 것은 자연에 귀속된다고 하는 세계관입니다.

한 번 이렇게 생각해 보십시오. 저 남태평양에 어떤 고도 (孤島)가 있습니다. 너무 너무 아름다운 절경이 거기 펼쳐져 있습니다. 바다 물 빛깔은 옥색입니다. 비취색입니다. 그리고 기기묘묘한 바위들이 있고, 그 바위들 사이사이로 자연도감에서조차 한 번도 본 적이 없는 너무나 아름다운 그런 꽃들이 피어 있습니다. 새들이 날아다니고, 물은 투명한데 너무나 아름다운 물고기들이 뛰놀고, 자, 그런데 어느 누구도 여기에 한 번도 가본 적이 없습니다. 이 곳은 사람이 한 번도 본 적이 없는 곳입니다. 그리고 있는 것은 자연뿐입니다. 그것뿐입니다. 그렇다면 그 아름다움이 무슨 의미가 있느냐는 것입니다. 아무도 본 적이 없는 그 자연, 그곳에 그렇게 예쁜 꽃이 피고, 새가 있고, 아름답다 할지라도 그것뿐이라면 거기 무슨 의미가 있습니까?

그러나 우리는 압니다. 사람은 어느 누구도 한 번도 발을 디뎌 본 적이 없는 곳이라 할지라도 거기에 하나님이 계십니다. 하나님이 지으셨고 하나님이 보시는 것입니다. 이름 없는 들풀을 하나님이 보시고 그 아름다운 절경을 하나님이 감상하십니다. 그래서 하나님이 보시니까 의미가 있는 것입니다. 자연이 자연뿐이라면 무슨 의미가 있습니까? 끊임없이 순환하고 반복하는 그 자연 자체에 무슨 의미가 있습니까? 그것을 보시는 눈이 있기 때문에 의미 있는 것 아닌가요?

전도자는 자연의 무상함을 노래한 후에 쾌락도 무상하다고 말합니다. 자기가 어떻게 하면 인생의 낙을 알 수 있을까 하여서 여러 가지 일을 해 보았다고 합니다. 건축을 합니다. 집을 지극히 아름답고 크고 멋있게 짓고, 정원에 나무를 심고, 꽃을 심고, 거기에 신기한 동물들도 갖다 놓았을 것입니다. 노래하는 남녀가 있고, 노비가 있고, 처첩이 많고, 술과 음식과 아무튼 우리가 좋아하는 것들을 다 해 봤다는 것입니다. 그랬는데 그 모든 것이 헛되고 헛되다, 바람을 잡으려는 것 같다고 말합니다. 어떤 분들은 이런 말에 동의를 못할 것입니다. "나도 한번 해 봐야 되겠다. 내가 해 보아야 헛된지 아닌지 알겠다. 내 생각에는 그렇게 즐기고, 그렇게 모든 것을 누리는 인생이 절대 헛될 리가 없다"고 생각할 것입니다. 여러분, 그렇게 생각하십니까? 어쨌든 그런 기회는 우리에게 오지 않을 것입니다. 그렇게 우리가 하고 싶은 대로 다 할 수 있는 그런 때는 없을 것입니다. 저 역시 그렇게 해 볼 필요가 없습니다. 왜냐하면 그렇게 해 본 사람이 말을 하기 때문입니다. 우리가 경험자의 말에 귀 기울여야 되지 않습니까? 다 해보고 나니까 그거 다 헛되더라는 전도자의 말씀 말입니다.

여러분, 솔로몬의 처첩이 몇 명인 줄 아십니까? 합쳐서 천 명 있었다고 합니다. 처첩을 천 명 데리고 있으면 행복할까요? 제가 이번에 그레이스 포인트 교회에 가서 우스갯소리로 한 말이지만 그 이름들을 어떻게 다 기억하겠습니까? "당신 몇 번이야?" 이렇게 물어야겠지요. 매일 한 사람씩 만나도 몇 년 후에 만나는데 얼굴이나 기억하겠습니까? 물론 과장법이 있을 것입니다. 그런 것이 행복이 아닙니다. 사람이 맛있는 음식을 탐하면 나중에 맛있는 음식이 없어집니다. C. S. 루이스는 너무나 고급음식, 맛있는 음식을 아무 느낌도 없이 게걸스럽게 먹어대는 사람을 본 적이 있는데, 그것이 얼마나 말도 안 되는 일이냐고 했습니다. 그렇습니다. 여러분, 쾌락을 계속 추구하면 더 이상 쾌락이 쾌락되지 않습니다. 우리 인간이 느끼는 힘, 감각은 한계가 있습니다. 계속해서 쾌락을 추구하는 사람은 나중에 아무 것도 못 느끼고 절망과 허무로 끝날 수밖에 없습니다.

쾌락도 무상하고, 또 심지어 지혜도 한계가 있습니다. 전도자는 "지혜가 우매보다 뛰어남이 빛이 어둠보다 뛰어남과 같도다"라고 말합니다. 그만큼 지혜가 가치 있다는 것입니다. 그러면서도 왜 헛되다고 말할까요? "지혜자나 우매자나 그들에게 일어나는 일이 일반이라. 지혜자라고 해서 우매자보다 더 잘 사는 게 아니더라"라고 합니다. 지혜가 우매보다 더 가치 있는 것은 맞는데, 해 아래서의 삶만 놓고 본다면 지혜자도 우매자 보다 나을 게 없다는 것입니다. 여러분 동의하십니까?

예. 사람이 지혜롭다는 것은 아이큐(IQ)가 높거나 머리가 좋은 것이 아니고 하나님을 알고 하나님을 경외하는 것을 말합니다. 그런 사람도 어려운 일을 당하고 힘든 일을 당하는 건 마찬가지입니다. 지혜자라고 더 잘 사는 게 아닌데 해 아래서의 세상이 전부라면 지혜가 무슨 도움이 되겠는가라는 말입니다.

인간의 목숨은 유한합니다. "사람 죽는 걸 보면 짐승이나 인간이나 다 마찬가지더라. 몸은 죽어서 흙으로 돌아가더라. 그 혼은 어디로 가는지 누가 아는가, 짐승의 혼은 밑으로 가고 사람의 혼은 위로 올라가는지 누가 아는가." 나중에 해 위의 세상에서는 압니다. 우리 인간의 영혼은 하나님 앞으로 온다는 것을 그 때 가면 알 것입니다. 그러나 그 해 위의 세상을 부인하고 해 아래 세상만 놓고 보면 정말로 짐승의 죽음과 사람의 죽음에 무슨 차이가 있지요? 그 시체가 흙으로 돌아가 썩어 없어지는 것은 마찬가지 아닌가요?

그 다음에 인간 세상의 악과 부조리에 대해서 말합니다. "오호라 내가 해 아래 학대가 있는 것을 보았도다." 해 아래 학대가 있습니다. 착취가 있습니다. 억압이 있습니다. 그리고 "재물도 헛되도다." 어떤 사람은 자지도 못하고 먹지도 못하면서 수고하여 재산을 악착같이 모읍니다. 늙어서까지 그렇게 낙을 누리지 못하고 고생하면서 모은 재산인데 다른 사람에게 넘기는 것입니다. 그런 폐단이 얼마든지 있습니다. 여러분, 돈이 많으면 인생을 더 풍요롭게 살 수 있을까요? 침대는 우리가 눕는 그 자리 정도만 필요한 것입니다. 굉장히 넓고 크고 좋은 침대를 가지면 그것을 다 즐기기 위해서 자는 동안 이리 저리

굴러다니며 모든 면적을 다 사용합니까? 화장실 열 개 있는 집에서 살면, 그 화장실 다 써 보고 다닙니까? 그저 늘 쓰는 화장실 하나지요? 잠자리는 늘 자는 그 자리 하나지요? 밥을 부자라고 네 끼 먹고 다섯 끼 먹습니까? 네 끼 다섯 끼 먹는 거 굉장히 힘든 일입니다. 요즘 어떤 사람들은 세 끼도 부대껴서 양을 자꾸 줄인다고 합니다. 재물이 헛된 걸 알아야 합니다. 그리고 의인과 악인이 같은 일을 당합니다.

마지막으로 "시기와 우연이 모든 사람에게 임하더라." 빠르다고 경주에서 이기는 것이 아닙니다. 힘 있다고 전쟁에서 이기는 것도 아닙니다. 지혜자라고 재산을 모으는 것도 아니고, 능력 있다고 사람들에게 인정받는 것도 아닙니다. 이는 시기와 우연이 모든 사람에게 임하기 때문입니다. 정말 그렇지요? 어떤 사람은 타고난 재능이 천재적인 경우가 있습니다. 그 사람에게 기회가 주어졌다면 그 사람은 모차르트 이상의 음악가가 될 수도 있었을 것입니다. 또는 피카소 이상의 화가가 될 수도 있었을 것입니다. 그러나 기회가 주어지지 않는 경우가 있습니다.

그런가 하면 평범한 재능을 가진 사람이 부모님 잘 만나든지 어쨌든지 환경이 좋아서 계속 훈련 받고 기회를 얻어 화단의 어떤 유명한 화가가 되어 있을 수도 있습니다. 시기와 우연 때문에 모든 것이 달라집니다. 우린 그런 것을 올림픽 같은 곳에서도 자주 보지 않습니까? 분명히 제일 뛰어난 선수로 알려져 있는데 아차 하는 실수나 어떤 문제가 있어서 탈락하는 경우 말입니다. 인생은 그렇습니다.

여러분, 전도자가 묘사한 이런 것에 동의하십니까? 해 아래서의 삶은 모든 것이 정함이 없습니다. 부조리가 있고 모순이 있고 모든 것을 얻고자 해도 얻을 수 없을 뿐 아니라 얻고 난 후에도 허무하다는 것입니다. 이렇게 허무하고 무의미하다고 전도자는 말합니다. 그러면서 결론적으로 3장 9절에서 10절에 "일하는 자가 그 수고로 말미암아 무슨 이익이 있으랴. 하나님이 인생들에게 노고를 주사 애쓰게 하신 것을 내가 보았노라." 결국은 하나님께서 인생들에게 고생을 주셨다는 것이 전도자의 관찰의 결론입니다.

전도자는 타락의 교리를 아주 심각하게 받아들입니다. 전도서의 배경은 창세기 3장입니다. 창세기 3장에서 인류 최초의 조상이 범죄하고 하나님께 심판을 받습니다. 그 때 아담에게 하나님이 어떤 벌을 내리시지요? "네가 범죄 하였은즉 땅이 너로 인하여 저주를 받을 것이다. 이제는 네가 이마에 땀이 흘러야 땅의 소산을 먹게 될 것이다. 그리고 너는 흙으로 돌아갈 것이다." 이 이야기를 지금 전도자가 자세히 하고 있는 것입니다. 고생스럽다는 것입니다. 하나님이 인생에게 수고하게 하신 것이고, 하나님이 인생에게 주신 노고이고, 삶은 괴롭다고 전도자는 관찰합니다. 해 아래서의 삶이 전부라면 괴로울 뿐 아니라 그것은 무의미하다(It's meaningless)고 말하고 있습니다.

해 아래서 지혜로운 삶을 위한 첫 번째 권면 '분복'

그러면서 전도자의 권면은 분복(分福)이라고 말할 수 있습니다. 그래서 전도서의 또 하나의 핵심단어가 분복입니다. 결국 하나님이 우리 각 사람에게 주신 몫, 영어로는 랏(lot)이 있습니다. 하나님이 우리에게 주신 몫이 있는데 그 몫에 만족하고 감사하는 것이 해 아래서의 삶에서 제일 나은 길이고, 그것이 지혜라고 말하는 것입니다. 아까 처음에 읽은 본문이 대표적인 본문이지만 그런 내용이 대 여섯 번 반복해서 나옵니다. 그 중에 5장 18절부터 20절을 제가 읽어 드리겠습니다. "사람이 하나님의 주신바 그 일평생에 먹고 마시며 해 아래서 수고

하는 모든 수고 중에서 낙을 누리는 것이 선하고 아름다움을 내가 보았나니 이것이 그의 분복이로다. 어떤 사람에게든지 하나님이 재물과 부요를 주사 능히 누리게 하시며 분복을 받아 수고함으로 즐거워하게 하신 것은 하나님의 선물이라. 저는 그 생명의 날을 깊이 관념치 아니하리니 이는 하나님이 저의 마음의 기뻐하는 것으로 응하심이니" 이것이 분복이라는 것입니다. 그러니까, 해 아래서의 삶은 이러이러하니까, 헛되게 재물을 모으려고 그렇게 노력하지도 말고, 쾌락을 추구하며 살려고 하지도 말고, 헛된 것을 구하지 말고, 자기에게 주어진 것을 감사하면서 그것을 즐기는 것, 즉 분복을 누리는 것이 가장 나은 삶이라고 하는 것입니다.

여러분, 이 분복에 대하여 들을 때 우리에게 당혹감이 조금 있습니다. 첫째는 전도자가 우리에게 권면하는 것이 먹고 마시고 즐기는 쾌락주의인가 하는 질문이 있을 수 있고, 두 번째는 이것이 전부인가 하는 질문이 있을 수 있습니다. 첫 번째, 전도자는 쾌락주의를 지지하는 것이 아닙니다. 이미 앞에서도 이야기했지만 쾌락주의는 허무하다는 것이 전도자의 결론입니다. 여기서 전도자가 말하는 것은 하나님의 창조를 긍정하는 것입니다. 이 세상이 타락했고, 비뚤어지고, 허무한 것은 사실이지만 그래도 여전히 일반은총이 있습니다. 하나님이 해와 비를 주셔서 우리가 수고하면 음식을 얻을 수 있게 하십니다. 그러므로 그 음식을 먹고 마시고 즐기는 것, 즉 창조를 즐기는 것은 선한 일이고, 자기 손으로 수고한 것을 즐기는 것은 아름다운 일이 아닌가라고 합니다. 맞습니다. 인생은 고달프지만 그 고달픈 가운데서도 우리가 우리 손으로 하는 일에 충실한 것을 하나님은 원하십니다. 그래서 허영을 버리고 우리 손으로 하는 그 일에서 보람을 찾고자 하는 것은 좋은 일입니다.

저는 과거에 이러한 삶을 소시민적인 삶이라고 경멸했던 적이 있습니다. 그리고 제가 스스로 명명한 것인데 종교적 영웅주의를 추구하고 싶었습니다. 뭔가 이 세상을 변화시키는 정말 큰일을 하고 싶어서 제가 존경하는 바울처럼 저도 독신으로 살면서 복음을 들고 전 세계를 누비는 생각을 한 적이 있습니다. 제가 나중에 철이 들었을 때, 모든 허영을 버리고 하나님이 저에게 주신 삶에 충실하는 것이 지혜라는 것을 깨달았습니다. 그래서 이 분복은 쾌락주의를 가리키는 것이 아닙니다.

다른 한편으로, 분복이 전부냐 하는 질문에 대해서는 그렇지 않다가 답입니다. 전도자는 지금 우리에게 분복을 가르치려는 것이 아닙니다. 해 아래서의 삶에서는 분복이 최선이라는 것입니다. 그러면서 우리의 눈을 해 위로 돌리게 합니다. 해 위의 세상이 있습니다. 언젠가 하나님의 심판대 앞에 서는 날이 있을 것입니다. 그래서 해 위의 세상을 바라보면, 정말 중요한 것은 분복이 아니라 본분(本分)이라는 것입니다. "하나님을 경외하고 그의 명령을 지킬지어다. 하나님이 언젠가 선악 간에 심판하실 것임이로다. 이것이 인간의 본분이다." 인생의 의미는 분복에 있지 않습니다. 분복은 우리가 헛된 욕심을 버리고 이 세상 살아가면서 하나님이 우리에게 주신 몫에 만족하라는 지혜의 권면이지 그것이 인생의 목적이거나 참된 의미라는 말이 아닙니다. 정말 중요한 것은 분복이 아니라 본분입니다. 그래서 본분에 대해서는 다음에 더 자세히 살펴보도록 하겠습니다. 여러분, 이 세상에서, 해 아래서의 삶을 살면서 본분에 힘쓰고 우리에게 주어진 분복에 감사하며 사는 것, 그것이 바른 신앙의 태도임을 기억하시기 바랍니다.

분복은 "해 아래서 자족하고 감사하는 마음"

전도서를 읽으면서 전도서에 나오는 인생관과 비슷한 인

생관들이 이 세상에 있다는 것을 생각하게 됩니다. 첫 번째는 불교입니다. 저는 불교 신도들이 전도서를 읽으면 어떻게 느낄까 하는 것이 참 궁금합니다. 불교 역시 굉장한 허무주의 인생관을 가지고 있지 않습니까? 불교에서는 제행무상(諸行無常) 제법무항(諸法無恒)이라는 말을 합니다. 모든 것이 변하고 결국은 모든 것이 헛되고, 존재하는 것 중에 어떤 것도 절대적인 것은 없다는 것입니다. 결국 인생은 고(苦), 괴로움이라는 것입니다. 그렇게 말하지 않습니까? 그래서 전도자가 헛되다, 인생은 괴롭다는 말과 굉장히 비슷합니다. 그러나 뭐가 다르지요? 해결책이 다릅니다. 불교는 결국 고에서 벗어나는 것이 그 구원입니다. 그리고 인생은 괴로운 것이니까 윤회해서 자꾸 다시 태어나는 것은 정말 곤란한 일입니다. 그래서 어떻하든지 윤회의 사슬에서 벗어나는 것, 존재의 세계에서 떠나는 것, 그래서 다시 태어나지 않는 것, 그것을 해탈이라고 생각합니다. 전도자가 제시하는 것은 인생은 비록 힘들고 고달프고, 해 아래서의 삶은 헛되지만, 해 아래서의 삶 안에서도 하나님의 일반은총이 있으니 감사하면서 즐길 수 있다. 그리고 그 다음에 정말 중요한 것은 해 위의 세상이 있음을, 영원이 있음을 보라는 것입니다. 이 해결책이 다릅니다.

또 다른 인생관이 있습니다. 전도서의 인생관과 비슷한 세상의 인생관으로 실존주의 철학이 있습니다. 인간의 존재는 유한합니다. 언젠가는 죽지 않습니까? 실존주의 철학은 죽음의 운명에 처해 있는 인간 존재의 실존을 불안, 허무, 권태, 이런 것으로 파악합니다. 한마디로 실존주의 철학도 인간의 무의미성을 굉장히 강조합니다. 그런데 해결책이 다릅니다. 실존주의에서는 무엇을 해결책으로 제시하지요? 우리 인간이 스스로 의미를 창출해야 한다는 것입니다. "당신의 의지로 결단하고 행동하라. 스스로 일을 만들라"는 것입니다.

여러분, 우리가 만드는 의미가 우리를 지탱할 수 있습니까? 우리가 정한 목표가 우리에게 삶의 의미가 될 수 있습니까? 우리에게서 나온 것은 우리보다 작은데, 우리보다 작은 그것이 어떻게 우리의 존재의 기반이 될 수 있습니까? 우리 존재의 의미는 밖에서 와야 됩니다. 우리보다 크신 분으로부터 와야 됩니다. 우리를 지으신 창조주로부터 와야 됩니다. 그것이 전도자의 가르침입니다. 인생의 의미는 우리가 정하는 것이 아닙니다. 헛된 이 인생, 허무한 이 인생에서 실존주의 철학처럼 "내가 결단하자. 내가 의미를 정하자"는 것은 답이 아닙니다. "해 위의 세상을 기억하라. 영원이 있음을 기억하라. 창조주가

있고 심판주가 있음을 기억하라. 그리고 그 앞에서 본분을 지
켜라"가 답입니다. 이 본분이 우리의 의미인 것입니다. 전도자
는 허무주의자가 아닙니다. 해 아래서의 삶에 대해서 허무를
말하는 것이지 궁극적으로 전도자는 긍정하는 것입니다. 전도
자는 희망하는 것입니다. "하나님이 계시다. 그 하나님이 우리
의 의미가 되신다"는 것입니다. 여기에 대해서는 다음에 좀 더
다루도록 하겠습니다.

여러분, 우리도 인생을 살아가면서 이런 사실들을 부딪치
고 느낍니다. 저는 이런 생각들을 합니다. 전도자가 이렇게 말
을 했음에도 불구하고 우리는 인생에서 헛된 것을 계속 추구
하고 있지는 않은가. 우리 인생의 삶의 의미를 우리의 성공,
우리가 좀 더 잘사는 것, 우리가 사람들에게 인정받는 것, 우
리가 좀 더 쾌락을 누리고 즐기는 것, 우리가 부자가 되는 것,
이런 것이 우리 인생의 실패가 아니고 성공하는 것이라고 혹
시 생각하지 않는가 하는 것입니다.

저는 또 이런 생각을 합니다. 크리스천들이라고 하는 우리
들도 이 해 아래서의 삶, 이생의 허무함과 헛됨을 정말 철저하
고 뼈저리게 인식하고, 진정한 인생의 의미는 하나님께만 있

다는 그러한 자각이 없는 경우가 참 많다는 것입니다. 하던 일이 잘 안될 때 속상하고 힘들 때, 가끔씩 인생은 허무하다고 이렇게 말할 수 있을 것입니다. 중년의 위기 같은 때 우리는 지금까지 무엇하고 살아왔나 하고 돌아보기도 할 것입니다.

그러나 어느덧 우리는 전도자처럼 우리의 묵상, 우리의 생각을 끝까지 몰고 가지 않고 적당히 타협하면서 남들이 다 그렇게 사는 모습을 우리도 흉내 내고 있는 것입니다. 그래도 잘 사는 게 낫지, 그래도 돈이 좀 더 많은 게 좋지 하는 생각으로 자꾸 오버타임하면서 말입니다. 물론 오버타임이 꼭 필요할 수도 있지만, 단지 더 많이 가지기 위해서 오버타임하고 건강을 해친다면 그것이 지혜로운 삶일까요? 아까도 말씀드린 것처럼 삶의 조건에 인생의 의미가 있지 않습니다. 분복에 만족하십시오. 우리에게 주어진 것에 만족하십시오. 그리고 정말 중요한 것은 본분이니까 하나님 앞에서 우리가 어떻게 살 것인가 하는 그 점에 유념하시기 바랍니다. 분복에 만족하고 본분에 힘쓰시기를 바랍니다.

선을 추구하고 영원을 사모하는 마음

"범사에 기한이 있고 천하만사가 다 때가 있나니. 날 때가 있고 죽을 때가 있으며 심을 때가 있고 심은 것을 뽑을 때가 있으며, 죽일 때가 있고 치료할 때가 있으며 헐 때가 있고 세울 때가 있으며… 하나님이 인생들에게 노고를 주사 애쓰게 하신 것을 내가 보았노라. 하나님이 모든 것을 지으시되 때를 따라 아름답게 하셨고 또 사람들에게는 영원을 사모하는 마음을 주셨느니라. 그러나 하나님이 하시는 일의 시종을 사람으로 측량할 수 없게 하셨도다… 하나님께서 행하시는 모든 것은 영원히 있을 것이라. 그 위에 더 할 수도 없고 그것에서 덜 할 수도 없나니 하나님이 이같이 행하심은 사람들이 그의 앞에서 경외하게 하려 하심인 줄을 내가 알았도다"(전도서 3장 1~14절, 개역개정).

앞에서 우리는 전도서의 현실주의와 그에 대한 대답으로써 분복을 살펴보았습니다. 전도서는 잠언의 이상주의와는 달리 우리 눈앞에 펼쳐지는 실제 현실에서부터 시작한다고 말씀드렸습니다. 그런데 이 현실, 해 아래서의 현실은 무상함, 부조리, 불의, 모순, 악 이런 것들이 가득 차 있다는 것입니다. 그래서 전도자는 해 아래서의 삶에 대해서 결론적으로 허무하다고 반복해서 외칩니다. 그런 허무한 해 아래서의 삶에서 최선의 대답은 주어진 분복에 만족하라는 것이었습니다. 하지만 분복이 인생의 결론이라면 너무나 허무하고 불공평하다고 말할 수 있습니다. 사람마다 주어진 분복이 너무 다르기 때문입니다.

전도자는 자기 손으로 수고한 것을 즐기는 것, 그것이 하나님의 손에서 주어지는 복이라고 말하는데 많은 사람들이 자기 손으로 수고한 것을 지키지 못합니다. 자기 손으로 수고한 열매를 다른 사람들에게 뺏기기도 하고 착취당하기도 하는 일이 비일비재합니다. 또 애초에 주어진 여건이 불공평하고 힘들어서 이것이 하나님이 우리에게 주신 분복인가 라고 생각하면 하나님이 원망스럽고, 인생을 비관하고, 절망하는 사람들도 사실 얼마든지 있습니다. 그래서 분복이 전부가 아닌 것을 우리는 기억해야 합니다.

분복을 넘어 본분으로

사실 전도자가 말하고자 하는 요점은 '분복'에 있지 않고 '본분'에 있다고 이미 말씀 드렸습니다. 해 아래서의 삶이 전부가 아니라는 것입니다. 해 위의 세상이 있습니다. 이생이 전부가 아니고 이생을 넘어서 영원이 있다고 전도자는 말하고 있습니다. 여러분, 분복은 주어진 것입니다. 분복은 우리가 어떻게 할 수 있는 것이 아닙니다. 반면에 본분은 우리가 선택하는 것입니다. 우리가 행할 수 있는 일입니다. 본분이 무엇일까요? 본분은 우리에게 주어진 분복에 우리가 어떻게 반응하느냐 하는 것입니다. 사람마다 하나님이 주신 몫이 다른데 그 몫은 주어진 것이기 때문에 우리가 어쩔 수 없습니다. 그 몫에 대해서 불평한다고 달라지지 않습니다. 물론 내가 노력해서 바뀔 수 있지만 그 모든 것을 포함해서 결론적으로 그것은 분복이라는 것입니다. 우리가 노력해서 바뀌었다면 그것도 우리의 분복이고, 노력해서 바뀌지 않아도 그것이 우리에게 주어진 분복입니다. 그래서 분복은 우리에게 주어진 여건인데 그 여건에 대해서 우리가 어떻게 반응하느냐 하는 이 반응이 본분과 관련이 있습니다.

우리가 간증에서 듣는 바대로 이지선 자매는 하나님을 찬양합니다. 여전히 하나님은 선하시다고 고백하고 감사와 기쁨과 평화로 충만해 있습니다. 인위적일까요? 가식적일까요? 저는 그렇지 않다고 생각합니다. 그 자매의 목소리에는 진실이 담겨져 있었습니다. 정말 마음 중심에서부터 하나님께 감사하는 모습을 볼 수 있었습니다. 이지선 자매께 다시 그러한 경험을 반복할 수 있겠느냐고 묻는다면 아마 꿈에도 못하겠다고 말할 것입니다. 정말 힘들었다고 말입니다. 자매는 다시 태어나서 또 그런 일을 반복해야 한다면 정말 다시 태어나고 싶지 않다고 아마 그렇게 대답할 것이라고 저는 생각합니다. 그렇지만 그럼에도 불구하고 그 끔찍했던 일이 자기에게 유익했다고 고백합니다. 이것이 반응입니다. 아마 100 사람 중에 99명이 하나님을 원망했을 것입니다. 100에 99명이 아니라, 100만 명에 999,999명은 하나님을 원망했을 것입니다. 하나님을 원망하고, 불평하고, 절망하고, 아마 자살하는 사람도 꽤 많았을 것입니다.

제 자신을 그 자리에 놓고 보았을 때, 저는 정말 하나님을 원망했을 것입니다. 저는 그런 생각이 듭니다. 그런데 왜 이지선 자매는 다른 반응을 보였을까요? 이지선 자매의 비결은 무엇일까요? 그녀는 하나님의 선하심을 알았던 것입니다. 정말 하나님을 알았던 것입니다. 이 세상이 전부가 아니라는 것을 알았던 것입니다. 해 아래서가 전부가 아니고 해 위의 세상이 있음을 알았던 것입니다. 그 해 위의 세상에 초점을 맞추고 살아가는 삶이 바로 본분의 삶인 것입니다.

여러분, 전도서를 읽으면서 느끼는 것이 무엇이냐 하면 캄캄한 먹구름이 잔뜩 끼어있는 그러한 어두운 세상입니다. 어디 빛이라도 좀 없을까 하며 너무 답답하고 너무 어두워서 질식할 것 같은 그런 무거운 먹구름의 세상입니다. 그런데 간혹 가다가 그 먹구름이 조금 틈을 내고 그 틈새로 한 줄기 밝은 빛이 비춰지는 것을 볼 수 있습니다. 그 빛이 보여주는 바는 무엇이지요? 먹구름 위에 세상이 있다, 해 위에 세상이 있다, 이생(this present life)이 전부가 아니고 영원(eternity)이 있다는 것을 보여주는 것입니다.

본분은 "영원을 내다보는 삶의 자세"

여러분, 분복이 해 아래서의 삶의 결론이라면 본분은 영원을 전제합니다. 영원을 내다 본 삶의 자세가 본분의 삶인 것입니다. 어쩌면 전도서에서 가장 중요하다고도 할 수 있는 본문입니다. 3장 1절부터 11절입니다. 조금 긴 본문인데 중요하니까 함께 읽도록 하겠습니다.

"천하에 범사가 기한이 있고 모든 목적이 이룰 때가 있나니 날 때가 있고 죽을 때가 있으며 심을 때가 있고 심은 것을 뽑을 때가 있으며 죽일 때가 있고 치료 시킬 때가 있으며 헐 때가 있고 세울 때가 있으며 울 때가 있고 웃을 때가 있으며 슬퍼할 때가 있고 춤출 때가 있으며 돌을 던져 버릴 때가 있고 돌을 거둘 때가 있으며 안을 때가 있고 안는 일을 멀리 할 때가 있으며 찾을 때가 있고 잃을 때가 있으며 지킬 때가 있고 버릴 때가 있으며 찢을 때가 있고 꿰맬 때가 있으며 잠잠할 때가 있고 말할 때가 있으며 사랑할 때가 있고 미워할 때가 있으며 전쟁할 때가 있고 평화할 때가 있느니라. 일하는 자가 그 수고로 말미암아 무슨 이익이 있으랴. 하나님이 인생들에게 노고를 주사 애쓰게 하신 것을 내가 보았노라. 하나님이 모든 것을 지으시되 때를 따라 아름답게 하셨고 또 사람에게 영원을 사모하는 마음을 주셨느니라. 그러나 하나님의 하시는 일의 시종을 사람으로 측량할 수 없게 하셨도다."

여기 끝부분에 하나님께서 "사람에게 영원을 사모하는 마음을 주셨다"라는 말을 하고 있습니다. 왜 인간은 영원을 사모할까요? 아니 여러분은 영원을 사모하십니까? 여러분들의 주변에 있는 사람들은 정말 영원을 사모하는 마음을 갖고 있습니까? 저는 그렇다고 생각합니다. 우리가 동서양과 고금의 문화와 사회를 살펴보면 사람들은 끊임없이 영원한 것을 추구해 왔습니다. 동양적인 문화에서는 불로장생을 추구하는 사람들이 참 많았습니다. 진시황도 불로초를 구하러 한국에 사람을 보냈고, 그 때 구해간 것이 인삼이었다는 이야기를 어디서 읽은 적이 있습니다. 그리고 민간에 널리 퍼져있는 도교라는 것이 있습니다. 도교는 노자, 장자의 사상을 이어받는 도가와 조금 다릅니다. 도교는 사람들 간에 대중적으로 퍼져 있는 민속신앙인데 도교의 이상은 신선이 되는 것입니다. 신선이 된다는 말은 죽지 않고 아주 오래도록 사는 사람이 된다는 것입니다. 그래서 도교에서는 불로장생법이라는 것이 많이 성행했습니다. 물론 모두 엉터리고 가짜입니다. 무엇을 먹는다고 우리가 불로장생하겠습니까? 어떤 건강 비법을 추구한다고 우리가 오래 살 수 있겠습니까? 그런 건 아닙니다. 그러나 왜 그런 노력을 끊임없이 하느냐 하는 것입니다.

요즘에는 사람들의 수명이 많이 길어졌습니다. 요즘에는

환갑잔치하는 사람을 본 적이 없습니다. 누군가가 환갑잔치하면 아마 욕먹을 것입니다. "젊은 애가..." 이러면서 어른들이 야단칠 것입니다. 그래서 칠순으로 옮겨졌는데 요즘 분위기는 또 팔순으로 옮겨지는 것 같습니다. 칠십도 너무 젊다, 한 팔십은 되어야 그래도 인생을 살았다고 말할 수 있지 않겠나 하는 이런 분위기입니다. 그럼에도 불구하고 여전히 더 오래 살고 싶은 것입니다. 웰빙, 웰빙 하면서 어떻게 하면 더 건강하게, 더 오래 살까를 고민합니다. 아무튼 인간은 그런 욕망을 가지고 있습니다. 죽음을 어떻게든 뛰어넘고 싶은, 죽음을 극복하고 싶은 그러한 마음이 인간에게 있습니다. 그러나 육체적으로는 어떤 방법을 쓰더라도 한계가 있습니다. 아무리 오래 살아도 백 이십 세, 백 삼십 세, 그것이 전부일 것입니다.

그래서 다른 방법을 씁니다. 무엇이냐 하면 이름을 남기는 것입니다. 우리가 죽더라도 누가 후대에 우리를 기억해 주었으면 하는 것입니다. 예술가들은 예술 작품을 통하여 불멸의 존재로 기억되고 싶어 합니다. 그런가하면 영웅호걸들은 역사의 한 페이지에 자기의 이름을 남기고 싶어 합니다. 그러면 평범한 우리들은 어떻게 하지요? 헌팅톤 라이브러리에 가보면, 거기에 어떤 수목이 있는데 거기에 그렇게들 자기의 이름을 써놓고 갔습니다. 한국사람도 마찬가진데 거기 가보면 아마 '돈암동 아무개 다녀가다'라고 적혀 있을 것입니다. 우리 한국 사람들, 관광 명소마다 자기 이름을 써 놓지 않습니까? 누군가 자기 이름을 좀 봐 주었으면, 누군가 우리를 기억해 주었으면, 사실은 무의식적으로 한 일인지는 몰라도 기억되고 싶은 눈물겨운 노력입니다. 우리도 영원한 존재가 되고 싶은 것입니다.

그러나 가장 널리 퍼진 방법은 무엇인지 아십니까? 그것은 자손입니다. 자식을 둠으로써 우리의 대에서 그치지 않고 우리 생명과 우리 이름과 우리 가문을 이어갈 자식을 낳음으로써 계속 자신을 유지하고 싶은 것입니다. 이것이 동양에서는 깊은 전통이 아닙니까? 아무리 우리가 우리 당대에 성공하면 무엇 합니까? 아무리 우리 당대에 재물을 많이 쌓으면 무엇 합니까? 우리 대에서 그친다면, 그것은 모두 무로 돌아가고 수포로 돌아가는 것 아닙니까? 그래서 어떠하든지 자식을 낳아야 된다고 생각하는 것입니다. 그것도 대를 이어갈 아들을 낳아야 된다고 생각하는 것입니다.

이 모든 것이 인간이 자기의 한계를 뛰어 넘고 싶어서 몸부

림치는 모습들입니다. 스스로 오래 살고 싶던지, 아니면 이름을 남기던지, 아니면 자식을 통해서 이어가고 싶던지, 우리 인간 안에 영원을 사모하는 그 마음이 새겨져 있습니다. 하나님이 새겨 주셨습니다. 우리가 하나님의 형상으로 지음을 받았기 때문에 우리 안에 영원을 사모하는 마음이 있는 것입니다. 사람이 죽으면 그것으로 끝이라고 생각하는 사람들의 사고방식과 그 분들의 감정을 저는 사실 솔직히 이해할 수 없습니다. 제가 어려서부터 기독교를 믿고 늘 죽음이 전부가 아니고 언젠가 하나님을 만날 때가 있고, 하나님과 더불어 사는 영원한 삶이 있다는 것을 평생 믿고 살아와서 그런지 몰라도 저는 죽음이 끝이라면 질식할 것만 같습니다. 이생이 전부라면 저는 전도자가 느낀 허무를 그대로 똑같이 느낄 수 있다고 생각합니다. 이것이 전부가 아닙니다.

우리는 하나님의 형상으로 지음 받았고 우리 하나님은 영원하신 분입니다. 우리 하나님에 대해서 전도자는 이런 말을 합니다. 3장 14절과 15절에 이런 말씀이 나옵니다. "무릇 하나님의 행하시는 것은 영원히 있을 것이라. 더 할 수도 없고 덜할 수도 없나니 하나님이 이같이 행하심은 사람으로 그 앞에서 경외하게 하려 하심인 줄을 내가 알았도다. 이제 있는 것이 옛적에 있었고 장래에 있을 것도 옛적에 있었나니 하나님은 이미 지난 것을 다시 찾으시느니라." 하나님이 하시는 일은 영원히 있을 것입니다. 우리가 하는 일은 영원하지 않습니다. 우리가 아무리 이름을 남긴다고 해도, 우리가 역사의 페이지에 아주 굵은 한 획을 그은 사람이라 할지라도 결국은 잊히기 마련입니다.

여러분은 여러분 조상들의 족보를 어느 대까지 거슬러 올라가서 알 수 있습니까? 저는 대구 김씨 입니다. 저희 아버님이 대구 김씨 종친회 회장을 하실 때에 저희 대구 김씨 조상 중의 한 분이 고문서에서 발견됐습니다. 그래서 족보 편찬 작업을 하셨습니다. 그래서 제가 족보 만드는 걸 좀 봤습니다. 지금도 그 족보가 계속 이어지는지 저는 잘 모르겠습니다. 우리가 하는 일이, 우리의 이름이 얼마나 가겠습니까?

그러나 "하나님이 하시는 일은 영원히 있도다"입니다. 그리고 "하나님은 지나간 것을 찾으시느니라"라는 말은 무슨 뜻이지요? 하나님께는 모든 것이 영원합니다. 우리 자신은 유한하고 우리가 하는 일은 얼마 지나지 않아 모두 잊혀 버릴 것이지만 하나님은 영원하시며 하나님께는 과거도 현재와 같다는 것입니다. 아무 것도 사라지지 않고 아무 것도 지나가지 않습니다. 영원한 하나님 앞에서는 모든 것이 영원한 현재(eternal now)입니다. 그 하나님의 형상을 따라 지음 받은 우리들이기 때문에 우리 안에는 영원의 의식(sense of eternity)이 있습니다.

이 영원이라는 것은 어떤 형이상학적인 개념이 아니고, 우리가 상상해서 만들어 낸 것도 아닌, 인간 존재의 심성에 실제로 새겨져 있는 것입니다. 여러분은 영원을 고대하십니까? 영원을 사모하십니까? 영원이 반드시 있다고 여러분은 믿습니까? 그 영원을 생각할 때 우리는 분복의 불공평함, 분복의 어떠함을 뛰어넘을 수 있습니다. 우리에게 주어진 삶이 어떠하든지 그것이 전부가 아닙니다. 그 분복을 어떤 태도로, 어떤 자세로 우리가 맞이할 것인가, 어떻게 반응할 것인가, 이것이 본분입니다. 이것은 영원합니다. 본분은 영원과 관련되어 있는 것입니다.

하나님은 모든 것을 때를 따라 아름답게 하십니다. 타락에도 불구하고 이 세상에는 여전히 하나님의 일반 은총이 있습니다. 그리고 하나님의 주권이 이 세상을 붙들고 계십니다. 그래서 우리 눈에는 그것이 다 보이지 않고, 우리가 바라는 때 이루어지는 것은 아니지만 어쨌든 하나님은 이 세상도 모든 것을 때를 따라 아름답게 하십니다. 그러나 궁극적으로 아름답게 하실 때가 있습니다.

여러분, 우리가 영원을 사모하는데 그 영원이 해 아래서의 세상과 똑 같다면 그것을 누가 바라겠습니까? 이렇게 허무하고, 무상하고, 부조리와 불의가 가득하며, 악이 횡행하는 이런 상태로 영원할 것을 우리가 바라는 건 아니지 않습니까? 그래서 영원이 올 것입니다. 그러나 영원이 오는데 그 영원이 오기 위해서는 어떤 한 사건이 있어야 되고, 그 사건을 통해서 하나님은 궁극적으로 모든 것을 아름답게 하실 것입니다. 하나님이 아름답게 하실 그 궁극적인 때는 심판의 때입니다. 다시 말하면 심판은 영원으로 들어가는 관문이라는 것입니다. 하나님은 심판하실 것입니다. 그런데 하나님이 어떻게 심판하실까요? 하나님은 선악 간에 심판하실 것입니다. 제일 처음에 읽은 본문에도 나오지요? "하나님은 모든 행위와 모든 은밀한 일을 선악 간에 심판하시리라." 3장 17절에는 이런 말씀이 있습니다. "내가 심중에 이르기를 의인과 악인을 하나님이 심판하시리니 이는 모든 목적과 모든 일이 이룰 때가 있음이라 하였으며." 우리가 사모하는 영원은 해 아래서의 삶의 연장이 아니라 모든 구부러진 것이 바로 펴지고, 모든 억울한 것이 풀리고, 모든 잘못되고 모든 악한 것이 다 하나님에 의해서 바로잡아지고, 심판을 통해서 모든 악이 제거된 온전히 선한 세상이 펼쳐질 것을 우리는 사모하는 것입니다.

본분은 "선을 추구하는 삶"

여러분, 인생의 의미는 어디에 있는지 아십니까? 우리의 본분은 무엇인지 아십니까? 우리의 본분은 선을 추구하는 것입니다. 인생의 의미는 선에 있습니다. 역사의 의미도 선에 있습니다. 사람들은 신에 대해 선과 악을 초월한 분이라고 말합니다. 그것이 한 뿌리에서 나온 기독교와 이슬람교, 유대교를 벗어난 다른 종교의 가르침입니다. 대표적으로 힌두교와 같은 범신론적 사고방식에서는 신은 선과 악을 초월한다고 가르칩니다. 절대적인 선도 없고 절대적인 악도 없다고 가르칩니다.

그러나 기독교는 그렇게 가르치지 않습니다. 우리 하나님은 선악을 초월하신 분이 아니고 우리 하나님은 선하신 분입니다. 그리고 언젠가는 악을 반드시 심판하실 것입니다. 악을 반드시 멸하실 것입니다. 악을 반드시 제거하실 것입니다. 그래서 장차 임할 하나님의 나라, 완성될 하나님의 나라, 그 영원한 세계에는 선만 있을 것입니다. 악은 하나님의 심판을 통과할 수 없습니다. 오직 선만 통과하게 될 것입니다. 역사가 궁극적으로 나아가는 그 자리, 역사가 도달할 그 자리는 어떤 자리입니까? 선악을 초월한 그런 자리가 아니라, 선이 이기는 자리, 선이 승리하는 자리이고 그것이 역사의 의미입니다. 여러분과 저의 의미도 선에 있습니다. 여러분, 영원을 생각하실 때 동양적 사고방식으로 불로장생하고, 또는 이름을 남기고, 자손을 남기는 식으로 영원을 생각하지 마시고 항상 심판을 통과한 영원을 생각하십시오. 영원에 들어가는 관문은 심판입니다. 심판을 통해서 하나님은 모든 구부러진 것을 펴실 것입니다. 모든 억울한 한을 풀어주실 것입니다. 모든 악과 불의와 죄와 그 모든 것을 하나님은 처단하실 것입니다. 그리고 온전히 선만 남는 그런 세상이 올 것입니다.

한국에서 '제빵왕 김탁구'라는 드라마가 종영 때 시청률이 50퍼센트에 임박했다고 합니다. 그러니까 굉장히 인기 있는 드라마였습니다. 저도 우연한 기회에 보게 되었는데 한번 보니까 완전히 빠져서 끝까지 보지 않을 수 없었습니다. 이 이야기의 제목이 '제빵왕 김탁구'라서 무슨 빵 굽는 이야기인 줄 알 있습니다. 저는 주인공이 천재적인 솜씨를 발휘해서 빵 굽는 일에 달인이 되는 그런 드라마로 알았는데 빵 굽는 이야기는 그냥 소재입니다. 그것은 형식적으로 필요해서 갖추어 놓은 도구일 뿐입니다. 이 드라마의 주제는 선이 악을 이긴다는 것입니다. 주인공인 김탁구는 어머니가 자기 아버지의 정식 부인이 아닙니다. 말하자면 사생아입니다. 그런데 나중에 아버지의 호적에 올라가게 됩니다. 그러니 그 아버지의 부인과 그 자식들이 얼마나 반대하겠습니까? 그 사람들로부터 핍박을 당하고, 모함을 당하고, 여러 가지 위협을 당하는 어려움을 겪는 것입니다. 그러나 김탁구는 아무리 어려운 일이 닥쳐도 끝까지 착한 마음으로 살아가려고 합니다. 거기에 이런 말이 나옵니다. "세상은 착한 사람이 이기는 곳이다."

여러분, 그 주제를 전도서와 비교하면 어떻습니까? 전도서와 다른 결론이지요? 전도서는 세상이 착한 자가 이기는 곳이 아니라고 말합니다. 해 아래서의 세상에서는 꼭 그렇게 되지 않는다고 말합니다. 드라마이니까 가능한 이야기입니다. '제빵왕 김탁구'는 드라마이니까 거기서는 주인공이 끝까지 착하게 살려고 하고 결국 잘 되었습니다. 김탁구에 대해서 주변 사람이 이런 말을 합니다. "너는 사람을 미워할 수가 없다. 사람을 미워하면 무엇보다도 너 자신이 먼저 힘들어 하지 않느냐? 너는 사람을 미워할 수 없는 그런 사람이다"라고 합니다. 그래서 원수들이 그렇게 괴롭히고 그렇게 악을 행하는데 끝까지 자기는 선으로 그걸 이기려고 합니다.

저는 이 드라마를 쓴 작가가 크리스천이 아닌가하는 생각을 합니다. 한마디로 너무 착합니다. 그야말로 선으로 악을 이기는 것입니다. 악을 악으로 갚지 않고 선으로 악을 이기는 것입니다. 그런데 이것은 드라마니까 해피엔딩으로 끝나고 주인공이 잘되는 것입니다. 반면에 우리 현실에선 그렇지 않습니다. 얼마나 억울하게 끝난 사람이 많습니까? 얼마나 의의 길을 걸으려고 했다가, 착하게 살려고 했다가, 악한 자들에게 짓밟히는 사람들이 많습니까? 그래서 해 아래서의 삶만 놓고 보면 이것은 부조리한 것입니다. 이것은 모순투성이인 것입니다. 해 아래서의 삶이 전부라면 그럴 경우의 지혜는 무엇이겠습니까? 어떻게든 남을 속이든지, 빼앗든지, 악한 일을 하면서 살아가는 것이 될 것입니다. 해 아래서의 삶이 전부라면 말입니다. 그러나 해 위의 삶이 있습니다. 해 위의 삶이 있으니까 우리에게 주어진 분복에 만족하고 그 분복에 바른 태도로 임하려고 하는 것입니다. 그래서 본문은 해 위의 세상, 영원의 세상, 심판을 전제하고 있다는 것입니다.

　여러분, 성경에 요셉 같은 사람이 있습니다. 요셉 역시 선으로 끝까지 승리한 사람이 아닙니까? 형들의 모함이 있었지요? 그리고 보디발의 아내로부터 또 모함을 당하지요? 그렇지만 끝까지 선을 추구하고 나중에는 승리하는 그런 사람이었습니다. 그러나 요셉만 있는 게 아닙니다. 예레미야도 있었습니다. 끝까지 하나님의 말씀을 선포하느라고 삶이 비참하게 끝난 그런 사람도 있었습니다. 그래서 이 세상이 전부가 아니라는 것을 여러분은 기억하셔야 합니다. 이세상이 전부가 아니고, 해 위의 세상이 있고, 심판이 있고, 영원이 있기 때문에 우리는 어떻게 살아야 합니까? 우리는 선을 추구해야 합니다. 여러분 가운데 인생의 의미는 선이라고 생각하시는 분은 얼마나 계십니까? 인생의 의미는 행복이 아닙니다. 그것은 또 다시 분복으로 돌아가는 것입니다. 어떻게든 여기서 자기의 분복을 좋은 분복으로 취하고 싶다는 것입니다. 인생의 의미는 행복에 있지 않습니다. 인생의 의미는 유명해 지는데 있지 않습니다. 인생의 의미는 성공하는데 있지 않습니다. 인생의 의미는 권력에 있지 않습니다. 인생의 의미는 하나님 앞에서 바로 서는데 있습니다. 하나님을 경외하고 그 분의 명령을 지키는 것에 있습니다. 그리고 그것을 선이라고 성경은 말합니다.

여러분, 우리 하나님은 어떤 분이시냐 하면 그 해를 선인과 악인에게 골고루 비추시는 분이십니다. 비를 선인과 악인에게 골고루 내리시는 분이십니다. 그래서 예수님은 이렇게 말씀하신 것입니다. "원수를 사랑하라"라고. "악한 자를 대적치 말라"라고. "너를 핍박하는 자를 축복하고 그를 위해서 기도하라"라고. "이같이 한즉 하늘에 계신 너희 아버지의 아들이 되리니"라고 말입니다. 하나님이 우리를 당신의 자녀 삼으신 목적은 무엇입니까? 당신을 닮은 자들이 되게 하시기 위함입니다. 그리고 하나님을 닮은 자들은 악한 자에게도 악을 악으로 갚지 않고, 악한 자를 위해서 기도하고, 선으로 악을 이기는 그런 사람들인 것입니다. 에베소서 2장 10절에서 바울은 어떻게 말합니까? "우리는 그의 만드신바라, 그리스도 예수 안에서 선한 일을 위하여 지으심을 받은 자"라고 말하고 있습니다. 디도서 2장 14절에서는 무엇이라고 말합니까? "하나님이 우리를 구원하신 것은 선한 일에 열심하는 그의 친 백성이 되게 하려 함이니라"고 합니다. 성경의 도처에서 선을 말하고 있습니다. 하나님의 뜻은 선에 있습니다. 하나님은 선하신 분이며 이 세상의 마지막 모습은 선이 될 것입니다.

그런데 그리스도인이라고 하는 우리들이 얼마나 선에 의미를 두고 있느냐는 점을 생각해 봐야 되겠습니다. 우리는 선행으로 구원받지 않는다는 사실을 잘 알고 있습니다. 그러나 그것이 선행이 중요하지 않다는 말은 결코 아닙니다. 우리가 선행으로 구원 받지 않는 이유는 무엇이냐 하면 그 길은 갈 수 없는 길이기 때문입니다. 우리는 아무도 선하지 않고, 선행으로 구원받을 수 없기 때문입니다. 그러나 구원의 목적은 무엇입니까? 우리가 선한 자가 되는 것입니다. 하나님은 우리에게 선행을 구원의 조건으로 요구하시지 않지만, 구원받은 우리에게는 그 열매로서 선행을 요구하시는 것입니다. 하나님은 우리를 선한 백성으로 만드시기 위해서 구원하신 것입니다. 인생의 의미는 선에 있습니다. 이것이 사람의 본분이라고 전도자는 말합니다. 원어에는 본분이라는 말이 없습니다. "이것이 사람의 모든 것이니라"입니다. 만약 여러분에게 인생의 전부는 무엇이냐?(What is life all about?)라고 묻는다면? 도대체 인생은 무엇에 관한 것(all about)이냐라고 묻는다면? "그것은 하나님을 경외하고 그 분의 명령을 지키는 것이다. 다른 말로 하면 선하게 사는 것이다. 선을 추구하는 것이다. 그것이 사람의 전부다"라고 대답해야 하는 것입니다.

선은 하나님의 뜻에 온전히 순종하고자 하는 것

여러분, 지금까지 어떻게 살아 오셨습니까? 여러분은 기독교 신앙을 무엇과 결부시키십니까? 물론 구원과 결부시킬 것입니다. 구원이 무엇이라고 여러분은 생각하십니까? 구원은 좋은 환경이 아닙니다. 좋은 환경은 물론 주어질 것입니다. 하나님과 함께 우리가 누릴 영원은 복락의 세계입니다. 그래서 우리가 영원복락이라고 말합니다. 그러나 환경에 초점이 있지 않습니다. 환경이 아니고 존재에 초점이 있습니다. 구원은 환경의 변화 이전에 존재의 변화입니다. 우리가 어떠한 사람이 될 것이냐 하는 것입니다. 우리가 참으로 하나님을 닮은 사람, 우리 하나님의 선하심처럼 우리도 정말 선한 자들이 될 것인가 하는 것입니다. 선을 다른 말로 의라고 바꿔도 됩니다. 하나님의 뜻에 온전히 순종하고자 하는 그 의가 다름 아닌 선입니다. 그래서 이제부터 우리의 남은 생애는 분복에 너무 집착하지 말고 무엇이 나에게 주어졌든지 그 주어진 것에 감사하면서 그 주어진 것 안에서 최선을 구하십시오. 우리에게 주어진 것이 무엇이든지 하나님을 경외하면서 그 주어진 것을 가지고 하나님을 섬기십시오. 하나님을 경외하십시오. 그리고 무엇보다도 착하게 사십시오. 착한 사람이 되십시오. 남을 미워할 수 없는 우리 기독교인들을 보면서 사람들이 당신들은 바보가 아니냐고, 억울하지도 않으냐고, 싸우고 싶지도 않으냐고 말할 것입니다.

물론 우리 안에도 억울한 일 당하면 갚아 주고 싶고, 불의를 당하면 복수하고 싶고, 분하고 억울하고 화나는 마음이 굴뚝같을 것입니다. 그러나 우리 안에는 또 다른 마음이 있는 것입니다. 또 다른 마음은 주님께 사로잡힌 마음입니다. 주님이 주신 마음입니다. 그 마음은 그래서는 안 된다고, 용서해야 된다고, 끝까지 선을 추구해야 된다고, 마지막에는 선이 이길 것이라고 하는 마음입니다. 그것이 하나님이 우리에게 요구하시는 본분입니다.

여러분, 우리는 분복에 대해서 들었고 본분에 대해서 들었습니다. 분복에 대해서는 감사하십시오. 불평하지 말고, 우리에게 주어진 것을 다른 사람과 비교하지 말고, 아무리 그것이 힘들고 어렵더라도 이 세상 살아가는 동안만의 일인 것을 기억하십시오. 그리고 더 중요한 것은 본분임을 깨닫고, 하나님 앞에서 그 분이 우리를 위하여 마련하신 영원 앞에서, 심판을 기억하시면서 정말 착하고 선한 하나님의 백성으로 살아가는 여러분과 제가 되기를 바랍니다.

하나님을 신뢰하고
경외하는 마음

"이에 내가 희락을 찬양하노니 이는 사람이 먹고 마시고 즐거워하는 것보다 더 나은 것이 해 아래에는 없음이라 하나님이 사람을 해 아래에서 살게 하신 날 동안 수고하는 일 중에 그러한 일이 그와 함께 있을 것이니라 내가 마음을 다하여 지혜를 알고자 하며 세상에서 행해지는 일을 보았는데 밤낮으로 자지 못하는 자도 있도다. 또 내가 하나님의 모든 행사를 살펴보니 해 아래서 행해지는 일을 사람이 능히 알아낼 수 없도다. 사람이 아무리 애써 알아보려고 할지라도 능히 알지 못하나니 비록 지혜자가 아노라 할지라도 능히 알아내지 못하리로다"(전도서 8장 15~17절, 개역개정).

두 번에 걸쳐서 전도서의 기본 메시지를 살펴보았습니다. 해 아래서의 삶의 무의미함, 헛됨, 그런 것을 깊이 통찰한 후에 해 아래서의 삶에서의 최선은 하나님이 주시는 분복에 만족하는 것이라고 전도자는 가르칩니다. 그렇지만 더 중요한 것은 해 아래서의 삶이 아니고 해 위의 삶이 있는 것입니다. 영원이 있는 것입니다. 그래서 하나님이 심판하실 그 날을 기억하면서 영원의 빛 아래서 우리가 살아갈 것을, 우리의 본분을 다할 것을, 하나님을 경외하고 그 명령을 지킬 것을 강조합니다. 이것이 전도자가 말하는 인생의 지혜입니다.

성경이 말하는 인생의 지혜

여러분, 전도서는 성경에서 지혜문학이라고 불리는 장르에 속한 책입니다. 같은 장르의 다른 책들을 말씀드린다면 욥기, 잠언 이런 책들이 있고, 시편에도 지혜의 시들이 많이 나옵니다. 대표적으로 시편 1편 같은 시를 보통 지혜의 시라고 부릅니다. 시편 1편은 두 가지 길에 대해서 말합니다. 의인의 길이 있고 악인의 길이 있습니다. 악인의 길은 무엇이지요? 하나님의 말씀, 하나님의 율법을 좇아 살지 않고 악인의 꾀, 죄인의 길, 오만한 자의 자리로 나아가는 죄악의 길로 행하는 것입니다. 그래서 이 악인의 최후는 무엇입니까? 악인이 심판을 견

디지 못하고 결국은 하나님의 심판을 받고 멸망할 것이라고 시편의 저자는 말합니다. 반면에 의인의 길은 어떤 길인가요? 의인의 길은 여호와의 율법을 즐거워하면서 밤낮으로 그 율법을 묵상하고 그 율법을 좇아 사는 삶입니다. 그 의인의 길은 여호와께서 인정하신다고 시인은 말합니다. 이렇게 인생의 바른 길, 어떻게 하면 잘 살 수 있을까, 어떻게 하면 제대로 바르게 살 수 있을까를 논하는 것이 지혜입니다.

여러분, 우리들은 각자 나름대로 모두 인생의 철학이 있습니다. 우리는 인생이란 이런 것이라고 생각한다, 그리고 인생은 이렇게 살아야 한다고 생각합니다. 우리가 그것을 의식할 수도 있고 의식하지 않을 수도 있지만 우리들 모두에게는 인생관이 있습니다. 여러분은 어떤 인생관을 가지고 계십니까? 바꾸어 말하면 여러분은 어떻게 사는 것이 최선의 삶이라고 생각하십니까? 또 다르게 표현하면 이렇게 말할 수 있습니다. 만약에 우리가 아빠로서 또는 엄마로서, 부모로서 우리 아들, 우리 딸, 우리 자식에게 인생의 길을 가르친다면 우리는 어떻게 가르칠 것인가. 어떻게 사는 것이 최선의 삶이라고 가르칠 것인가 입니다. 우리는 그리스도인이기 때문에 당연히 이것을 성경으로부터 배워야 될 것입니다.

그런데 우리는 성경을 믿는다고 하지만 마음 속 깊은 곳에 성경은 너무 정답일 뿐이고 그렇게 살아서는 안 된다는 생각을 은연중에 하기도 합니다. 그래서 실제 우리의 삶 자체도 그렇고, 우리 자녀들에게 가르칠 때도 그렇고, 나름대로의 인생길을 말합니다. 네가 이러 이러하게 사는 것이 최선의 길이라고 엄마 아빠는 생각한다고 가르치는데 그 가르침이 과연 옳은 것일까요? 최근에 들은 이야기인데 어떤 아버지가 아들에게 법대에 가라고 강요해서 법대에 가기는 갔는데, 그 아들이 신경쇠약에 걸렸다는 이야기를 들었습니다. 법대에 가는 것이 아들에게 최선이라고 그 아버지는 생각했겠지만 그것이 과연 최선이었을까요? 신경쇠약에 걸릴 만큼 그것을 싫어하는 아들에게 억지로 법대에 가라고 강요하는 것이 인생의 지혜일까요? 하나의 예 이지만 우리가 그런 식으로 생각해 볼 수 있습니다. 우리가 어떤 인생의 철학을 가지고 있든지 이 시간에 잠시 다 내려놓고 전도자가 가르치는 인생의 지혜에 귀 기울여 볼 수 있기를 바랍니다.

성경에서 말하는 지혜라는 것의 일차적인 의미는 목적을 이루는 최적의 수단입니다. 어떤 목적을 세웠을 때 그 목적에 도달할 수 있는 제일 좋은 방법, 제일 좋은 길 그것을 지혜라고 말합니다. 그러나 성경의 지혜는 추상적인 것이 아니고, 언제나 우리의 인생과 결부되어 있습니다. 그래서 성경의 지혜는 어떻게 사는 것이 최선의 삶인가, 어떻게 사는 것이 가장 바른 삶인가 하는 점을 가르칩니다. 그런데 우리가 살아가는 이 세상은 어떤 세상입니까? 우리가 살아가는 이 세상은 하나님이 지으신 하나님의 세상입니다. 따라서 우리가 이 세상을 바로 살고 잘 살기 위해서는 하나님이 정하신 질서를 알아야 합니다. 그래서 우리가 이 세상 살아갈 때에 지혜롭게 사는 길은 하나님이 정하신 질서를 깨닫고 그 질서를 좇아 사는 것입니다.

하나님이 정하신 세 가지 질서

이 세상 살아갈 때에 우리가 꼭 기억해야 될 세 가지 질서가 있습니다. 첫 번째는 자연적 질서입니다. 자연에는 질서가 있습니다. 자연은 아주 일정한 법칙에 의해 운행되지 않습니까? 그러니까 우리는 자연의 질서를 잘 알아서 자연의 질서에 순응해야 합니다. 자연의 질서를 거슬러 사는 것은 어리석을 뿐 아니라 파멸에 이르는 길입니다. 우리가 지금은 도시에서 살아서 농경문화와 많이 멀어졌지만 농사짓는 일을 한번 생각해 보십시오. 농부들이 농사를 잘 짓기 위해서는 자연의 질서를 잘 알아야 합니다. 그래야 언제 씨를 뿌려야 할지, 언제 비

료를 주어야 할지, 또 다른 어떤 일을 해야 할지를 알 수 있습니다. 자연의 질서를 아는 길은 관찰하는 것입니다. 자연을 잘 관찰하면 자연이 어떤 일정한 법칙에 의해 운행되는 것을 알 수 있습니다. 이렇게 자연의 질서를 잘 파악해서 그 질서에 순응하는 것이 지혜로운 삶입니다. 콩 심은데 콩 나고 팥 심은데 팥 난다는 속담이 자연의 질서를 반영하는 것입니다. 콩을 심어 놓고 팥 나기를 기다리는 건 어리석습니다. 또 심은 대로 거두리라는 말도 있습니다. 많이 심는 자는 많이 거두고 적게 심는 자는 적게 거둡니다. 자연은 우리를 속이지 않습니다. 자연에 있어서는 요행이 있을 수 없습니다. 인간살이에는 소위 말하는 요행과 투기가 있을 수 있습니다. 그러나 자연에는 투기가 있을 수 없습니다. 하나를 심었으면 하나를 얻는 것입니다. 하나를 심어 놓고 열을 거둘 것을 기대하는 것은 지혜가 아니라 미련한 것입니다.

여러분, 자연의 질서는 절대로 바뀌지 않습니다. 우리가 미국에 살던, 한국에 살던, 어느 곳에 가던, 자연의 질서는 항상 일정합니다. 그래서 자연과 더불어 살아가는 삶은 비교적 안정됩니다. 언제나 자연은 자신의 질서에 의해서 움직이기 때문입니다.

그 다음에 두 번째로 도덕적 질서가 있습니다. 우리가 살아가는 이 세상은 자연만 있는 게 아닙니다. 인간들이 그 안에 살고 있습니다. 그래서 우리는 인간 사회를 형성합니다. 인간들이 모여서 집단을 이루고 인간들이 서로 관계를 맺으며 살아갑니다. 이 인간관계의 질서를 도덕이라고 말합니다. 인간관계 안에는 도덕적 질서가 있습니다. 우리가 이 도덕적 질서를 잘 지켜 갈 때, 도덕적 질서를 따라 살 때, 또 우리는 바르게 살 수 있습니다. 이 도덕적 질서는 굳이 성경에만 나오는 것은 아닙니다.

이것 역시 하나님이 일반은총으로 모든 사람에게 양심을 주시고, 이성을 주시고, 깨닫게 해 주셔서 고대에서 현대에 이르기까지 동서양을 막론하고 모든 문명의 도덕률이 대체로 비슷합니다. 구체적으로 조금씩 다를 수는 있습니다. 예를 들면 일부일처제를 일찌감치 확립한 사회도 있지만, 최근까지도 일부다처제를 허용하는 사회가 있을 것입니다. 그런 사소한 차이는 있습니다.

그러나 어느 사회도 거짓말을 조장하거나 남을 배신하는 일을 잘 했다고 칭찬하지 않습니다. 도덕적 질서가 있습니다.

그래서 그 도덕적 질서를 따라 사는 것이 바른 삶이라고 말할 수 있습니다. 도덕적 질서는 자연의 질서와 비교해서 이런 차이가 있습니다. 도덕적 질서는 구부러질 수 있다는 것입니다. 여러분, 정직하게 사는 것이 바른 길이지요? 그런데 정직하게 사는 것이 반드시 이익이 되지 않을 때가 있습니다. 사회가 부패할수록, 사회가 타락할수록 정직하게 사는 사람보다 남을 속이고 부정직한 방법을 쓰는 사람이 더 잘될 수도 있습니다. 도덕적 질서를 지키며 사는 것이 바른 인간의 삶의 길이긴 합니다. 하지만 그 도덕적 질서는 구부러질 수가 있고 그럼으로써 많은 사람들이 도덕적 질서를 따르지 않을 수 있습니다. 사회가 건강하면 도덕적 질서의 기강이 확립되어 있고 그 질서가 비교적 잘 유지됩니다. 그러나 사회가 타락하면 도덕적 질서가 무너집니다.

그런데 우리 기독교인들은 이 자연적 질서, 도덕적 질서에 더해서 하나의 질서를 더 알고 있습니다. 그것은 무슨 질서입니까? 영적 질서입니다. 우리들은 자연에서 살고 인간들이 서로 모여 사회를 이루어 살 뿐 아니라 하나님과 관계하며 사는 것입니다. 그리고 이 영적 질서가 가장 상위에 속한 질서입니다. 여러분, 도덕적 질서가 무너졌을 때, 그 도덕적 질서를 회복할 수 있는 길은 무엇입니까? 세상이 아무리 악하고 타락했어도 하나님을 경외하면서 그 하나님의 뜻에 순종하려고 하는 사람들이 있으면, 그 영적 질서와 영적 기강이 확립되면 도덕적 질서를 회복할 수 있습니다. 자, 우리는 이런 내용을 염두에 두고 전도자가 말하는 지혜에 귀를 기울여야 합니다.

잠언과 욥기의 지혜

전도서의 지혜를 생각하기 전에, 잠언과 욥기를 먼저 생각해 보는 것이 도움이 됩니다. 여러분, 잠언은 도덕적 질서, 영적 질서가 확립되어 있는 배경 속에서의 지혜를 말합니다. 그러니까 잠언의 지혜는 "의인은 흥하고 악인은 망한다"라고 말할 수 있습니다. 사회가 건강하면 의인은 흥하게 되어 있습니다. 부지런한 사람이 돈을 더 많이 벌고 부를 쌓을 수 있을 것입니다. 그러나 어떤 사회는 부지런하다고 돈을 벌 수 있는 것이 아닙니다. 열심히 일한다고 잘 살 수 있는 것이 아닙니다. 그런 사회는 도덕적 질서가 해이해져 있고, 부패하고 타락해 있는 사회일 것입니다. 그래서 잠언의 지혜는 옳지만 그것은 사회의 도덕적 질서, 영적 질서, 이런 질서가 확립되어 있을 때 통용될 수 있는 지혜입니다. 그러나 질서가 확립되어 있지 않은 경우가 많습니다. 이렇게 질서가 확립되어 있지 않은 경우에는 어떻게 해야 될까요? 그래서 나온 것이 욥기서입니다.

여러분, 욥기서는 의인도 고난 받을 수 있다고 주장하는 책입니다. 잠언에 의하면 의인은 잘 돼야 합니다. 잠언은 이렇게 말합니다. "내가 어려서부터 의인의 자손이 걸식하는 것을 보지 못했다." 그러나 의인의 자손이 걸식을 합니다. 한국 같은 경우는 일제 시대 때 독립운동을 했던 분들의 후손들은 얼마나 많은 고생을 합니까? 그런데 친일파였던 사람들은 그 후손까지 잘 살고 있습니다. 이렇게 비뚤어지고 구부러진 질서가 있지 않습니까? 그래서 정직하면 손해다, 올바르게 사는 것은 망하는 길이라는 사회적 통념이 생기게 됩니다. 어쨌든 욥기서는 잠언이 말하는 지혜와 잠언의 질서에 예외가 있다는 것을 보여주는 책입니다. 그래서 욥기서는 "의인도 고난 받을 수 있다"고 합니다.

그보다 사회가 더 혼란해지고, 더 비뚤어졌을 때는 어떻게 될까요? 그것이 이제 전도서가 말하고 있는 내용입니다. 이제 의인도 고난 받을 수 있다가 아니라 아예 전도자는 이렇게 말합니다. 많이 의인이 되지 말라고 말합니다. 지나치게 의인이 되지 말라고 말합니다. 의인도 고난 받을 수 있다가 아니라,

의인되는 것이 오히려 손해일 수 있다고 말하는 것입니다. 그래서 잠언과 욥기서와 전도서가 조금씩 강조점이 다르고, 전도서에 이르면 잠언의 지혜가 뒤집어 지는 것 같은 표현이 나오는지 우리가 알 수 있습니다. 그런데 놀라운 사실은 잠언도, 욥기서도, 전도서도 결론은 모두 똑 같다는 것입니다. 결론은 무엇입니까? 결론은 하나님을 경외하라는 것입니다. 지혜의 근본은 하나님을 경외하는 것입니다. 여호와를 경외하는 것입니다. 잠언도 그렇게 말하고, 욥기서도 그렇게 말하고, 전도서도 그렇게 말합니다. 그래서 결국은 성경의 지혜문학들이 공통적으로 말하는 결론은 똑 같습니다. 그 지혜가 적용되는 과정에서는 시대적 배경, 상황에 따라서 다르게 표현될 수 있지만 결론은 하나님을 경외하라, 이것이 사람의 본분이라고 말하고 있는 것입니다. 자, 이제 이런 성경의 지혜에 대한 이야기를 염두에 두면서 특별히 전도자가 말하는 지혜가 무엇인가를 조금 더 생각해 보도록 하겠습니다.

전도서의 지혜

이제 전도서 3장 11절을 한번 같이 보시지요. "하나님이 모든 것을 지으시되 때를 따라 아름답게 하셨고 또 사람에게 영원을 사모하는 마음을 주셨느니라. 그러나 하나님의 하시는 일의 시종을 사람으로 측량할 수 없게 하셨도다."

3장의 앞부분에서 모든 것이 때가 있다는 말을 합니다. 울 때가 있고 웃을 때가 있고, 죽일 때가 있고 살릴 때가 있고, 심을 때가 있고 거둘 때가 있고, 등등 인생을 살 때에 여러 다양한 때가 있다는 것을 말하면서 결론적으로 11절에 하나님이 모든 것을 지으시되 때를 따라 아름답게 하셨다는 말을 합니다. 하나님이 모든 것을 때를 따라 아름답게 하셨습니다.

우리가 살아가는 이 세상의 질서가 아무리 구부러진 것 같아도 여전히 하나님이 다스리십니다. 하나님이 악을 허용하십니다. 하나님은 인간이 죄의 길을 가기 원하면 죄의 길로 가도록 내어 버려두십니다. 그러나 마지막 심판 때까지 하나님께서 이 세상을 유지하시고 이 세상의 질서를 지키십니다. 그래서 인간들이 악을 행하고 질서가 혼란해 질 수는 있지만, 그래도 하나님의 때가 되면 하나님이 모든 것을 바로 잡으십니다. 그리고 궁극적으로 바로잡으시는 것은 심판 때라고 여러분에게 말씀드렸습니다. 모든 것을 하나님이 때에 따라 아름답게 하신다는 이 말은 우리에게 소망을 주고 우리의 마음에 기쁨과 위로를 줍니다.

세상의 질서가 아무리 구부러져 있어도 아무리 이 세상이 정말 험악하고 타락하고 부패한 것 같아도 하나님은 하나님의 때에 모든 것을 아름답게 하신다고 하면서 이런 말을 합니다. "또 사람에게 영원을 사모하는 마음을 주셨느니라. 그러나 하나님의 하시는 일의 시종을 사람으로 측량할 수 없게 하셨도다." 무슨 말입니까? 하나님이 아름답게 하시는 그 때를 우리는 사모합니다. 궁극적으로 영원이라는 차원이 있다는 것을 우리는 사모하고 있습니다. 그렇지만 이 세상에서는 한계가 있습니다. 그 한계가 무엇이냐 하면 우리는 하나님의 하시는 일의 시종을 측량할 수 없다는 것입니다.

우리는 무엇을 알고 있습니까? 하나님이 하나님의 때에 모든 것을 아름답게 하신다는 그 점을 알고 있습니다. 그리고 마지막 날 모든 것을 완전히 아름답게 하실 것을 우리는 고대합니다. 우리는 영원을 사모합니다. 그러나 하나님이 언제 아름답게 하시는가, 하나님이 이 세상을 어떻게 운행하시는가 하는 것은 신비입니다. 이것은 우리에게 알려져 있지 않습니다. 그러면 어떻게 하라는 말입니까? 하나님이 모든 것을 아름답게, 자신의 때에 만드실 것을 약속하고 있는데 구체적으로 어떻게 하시는지 하시는 일의 시종은 우리에게 모르게 하셨습니다. 왜 그렇게 하셨을까요? 하나님을 신뢰하라는 것입니다.

여러분, 우리가 아이들한테 어떤 약속을 합니다. 아빠가 너한테 이렇게 해 주겠다고 말입니다. 그런데 이 일을 어떻게 할지에 대해서는 우리가 아이들한테 이야기 하지 않습니다. 그것은 아이들이 알 필요도 없고, 그것은 이런 상황이 어떻게 전개가 되고, 이 문제가 풀리고, 그런 여러 가지 요소가 이루어질 때, 적당한 때 부모가 해 주려고 하는 것입니다. 그런데 아이들은 그 때를 기다리지 못하고 언제 그렇게 해 줄 수 있느냐는 질문을 합니다.

그러면 우리는 어떻게 대답을 하지요? "그건 네가 몰라도 된다. 아빠가 생각해서 가장 적당한 때 그 약속을 꼭 지켜 줄 것이다." 그러면 아이는 아빠를 신뢰해야 됩니다. 엄마를 신뢰해야 됩니다. 지금 당장은 아니지만 아빠가 생각하는 최선의 때에 아빠는 그 약속을 지켜 주실 것이라고 신뢰해야 됩니다. 우리가 하나님에 대해서 신뢰해야 된다는 말입니다. 하나님이 모든 것을 때를 따라 아름답게 하시는데 그 때는 우리의 눈에 가려져 있다는 것입니다. 하나님이 하시는 일의 시종을 우리가 모른다는 것입니다.

그 다음에 전도서 7장 13절, 14절에 이런 말씀이 있습니다. "하나님의 행하시는 일을 보라. 하나님이 굽게 하신 것을 누가 능히 곧게 하겠느냐. 형통한 날에는 기뻐하고 곤고한 날에는 생각하라 하나님이 이 두 가지를 병행하게 하사 사람으로 그 장래 일을 능히 헤아려 알지 못하게 하셨느니라."

첫 번째로 우리가 모르는 것은 하나님의 하시는 일의 시종입니다. 다른 말로 하면 하나님의 때를 모릅니다. 우리는 하나님이 모든 것을 아름답게 하실 것은 알지만 그 때가 언제인지는 모릅니다. 두 번째로 우리가 모르는 일은 우리의 장래 일입니다. 하나님이 사람의 장래 일을 사람이 능히 헤아리지 못하도록 하셨습니다. 하나님은 우리에게 두 가지를 병행해서 주십니다. 형통을 주시기도 하고, 곤고함을 주시기도 하십니다. 그래서 형통한 날에는 우리가 기뻐합니다. 모든 일이 잘 풀리는 때에는 우리가 기뻐합니다. 살다 보면 가끔 그런 때가 있습니다. 모든 일이 잘 풀립니다. 우리가 하는 사업도 잘 되고, 우리 아이들이 그토록 원했던 직장을 얻었다거나 시험에 통과하고, 오래도록 기다렸던 우리들의 소원이 이루어지고, 아무도 가족 중에 아픈 사람이 없고, 모든 것이 조화를 이루면서 딱 맞아 떨어지는 때가 있습니다.

그런 때, 우리는 기뻐하면서 이런 날이 계속되기를 희망합니다. 그러나 그것도 잠깐입니다. 형통한 날만 있는 게 아닙니다. 곤고한 날이 있는 것입니다. 형통한 날에는 기뻐하고 곤고한 날에는 무엇을 하라고 했습니까? 생각하라고 합니다. 무엇을 생각하라는 것입니까? 다시금 인생을 생각하라는 것입니다. 인생을 생각하고 인생의 주인이 하나님인 것을 생각하고, 이 모든 것은 하나님이 주관하시는 것임을 생각하라는 것입니다.

그래서 형통한 날과 곤고한 날을 번갈아 주심으로써 우리로 하여금 하나님이 우리를 위해서 예비하신 우리의 장래 일을 헤아려 알지 못하게 하셨다는 것입니다. 우리는 우리의 앞날이 형통한 날이 계속될지, 곤고한 날이 계속될지 알지 못합니다. 곤고함에 처해 있는 경우에도 너무 실망하지 마십시오. 시간이 지나면 그것도 지나갑니다. 형통한 날에 너무 교만하지 마십시오. 시간이 지나면 그것도 지나갑니다. 우리는 우리의 앞날을 모릅니다. 그렇지 않습니까?

여러분, 톨스토이의 러시아 우화집에 "사람은 무엇으로 사는가"라는 아주 유명한 이야기가 있습니다. 하늘에서 천사가 지상에 보내어 졌습니다. 그 천사는 사람은 무엇으로 사는지에 대한 답을 얻기 위해서 지상에 보내진 것입니다. 이 사람이 구두 수선하는 어느 친절한 사람 집에 머물게 되었습니다. 그런데 그 집에 어떤 부자가 굉장히 좋은 가죽을 가지고 찾아와서 연회용 신발을 만들어 달라고 하며 그 가죽을 맡기고 떠났습니다. 물론 이 천사는 주인에게는 사람으로 여겨지고 있지요. 이 천사가 그 가죽으로 시신에 신기는 신발을 만들기 시작하는 것입니다. 주인이 너무 놀라서 "너 연회용 신발을 만들라고 가져온 가죽을, 이 비싼 가죽을 이렇게 다 버렸으니 어떡하면 좋으냐"고 말했습니다. 그런데 그 말을 하는 중에 다시 문 두드리는 소리가 났습니다. 그 부자와 함께 왔던 사람이 다시 와서 하는 말이 부자가 마차를 타고 돌아가다 사고가 나서 죽었다는 것입니다. 그 사람은 연회용 신발은 필요 없으니 그 가죽으로 시신에 신길 장례식 신발을 만들어 달라고 했습니다. 그 주인이 너무 놀라서 그 천사한테 당신은 어떻게 그것을 알았느냐고 물었습니다. 천사는 그 부자 뒤에 있는 그를 데리러 온 자기 동료 천사를 본 것입니다. 천사의 눈에는 보였습니다. 그러나 우리의 눈에는 보이지 않습니다. 사람은 한 치 앞의 일을 모릅니다. 그래서 지금 자기에게 연회용 신발이 필요하다고 생각해서 고급 가죽을 가지고 와서 맡기지만 자기에게 필요한 것은 사실은 자기가 죽을 때 자기 시신에 신길 신발이었습니다.

우리는 우리의 앞날을 모릅니다. 야고보 선생님도 이런 말을 하셨지요? "너희 생명이 무엇이뇨. 너희는 잠깐 보이다가 사라지는 안개니라." 이 모든 것을 통해서 지금 전도자가 말하는 요점은 무엇입니까? "겸손 하라. 하나님을 신뢰하라. 하나님을 경외하라. 우리의 인생을 우리가 주관하는 것이 아니다"라는 것입니다. 지혜라는 것은 우리 인생 가는 길을 우리가 훤히 꿰뚫고 있어서 언제 무엇을 해야 될지 우리가 다 알고 있는 것이 지혜가 아닙니다. 세상에서 살아가는 사람들은, 세상의 똑똑한 사람들은 그런 것을 자랑합니다. "이번에 뭘 사둬. 그러면 반드시 오를 거야." "투자를 해 봐. 이렇게 투자하면 꼭 성공할 수 있어." 자기가 세상에서 제일 똑똑한 것처럼, 자기가 세상일을 다 알고 있는 것처럼 그렇게 말하지 않습니까? 물론 그렇게 투자하는 사람들이 투자의 귀재가 되고 성공할 수도 있습니다. 그러나 그 사람들이 모르는 것은 무엇입니까? 물가의 동향과 경제의 시세는 알지 몰라도 자기 자신의 앞날은 알지 못합니다. 자기가 사 둔 주식이 몇 배, 몇 십배, 심지어는 몇 백배 오른다 할지라도 그 사람의 생명은 얼마 안가 끝날 수도 있는 것입니다. 하나님이 거두어 가실 수도 있는 것입니다. 그 다음에 6장 12절에 이런 말씀이 있습니다. "헛된 생명의 모든 날을 그림자 같이 보내는 일평생에 사람에게 무엇이 낙인지 누가 알며 그 신후에 해 아래서 무슨 일이 있을 것을 누가 능히 그에게 고하리요." 마찬가지 말씀입니다. 우리 앞날에 무엇이 일어날지 우리는 알지 못한다는 말입니다.

어떻게 살아야 할까?

그렇다면 우리는 어떻게 살아야 하겠습니까? 그 대답은 두 가지입니다. 그러나 두 가지가 결국 하나입니다. 첫째는 하나님을 신뢰하는 것입니다. 욥이 이런 말을 합니다. 욥기 23장 10절에 "나의 가는 길을 오직 그가 아시나니 그가 나를 단련하신 후에는 내가 정금같이 나오리라." 이것은 욥이 고난 중에 외친 말입니다. 너무나 이 고난이 깊고, 어려움이 크고, 앞날이 캄캄해서 언제 이 캄캄한 인생의 터널을 벗어날지 알 수가 없습니다. 먹구름 낀 날이 하루 이틀 몇 년, 몇 십년동안 계속될 수도 있습니다. 이 어려움은 언제 끝나나, 이 고난은 언제 끝나나, 그런데 우리는 알 수 없습니다. 그래서 욥이 고백하는 것입니다. "나의 가는 길을 오직 그가 아시나니." 여러분, 인정하십니까? 여러분의 가는 길을 오직 하나님만이 아신다는 그 사실을 여러분은 인정하십니까? 우리는 겸손해야 됩니다.

인생의 지혜는 무엇입니까? 인생의 지혜, 지혜문학이 가르치는 지혜, 성경이 가르치는 지혜, 전도자가 가르치는 지혜는 "겸손 하라"입니다. 우리는 모른다는 것입니다. 모르는 것을 아는 것이 지혜입니다. 모든 것을 아는 게 지혜가 아니고, 자기가 아무 것도 모른다는 그 사실을 아는 것이 지혜입니다. 하나님이 우리에게 그렇게 많은 걸 보여주지 않으셨습니다. 하나님이 일부러 사람으로 하나님이 하시는 일의 시종을 측량할 수 없게 하셨습니다. 사람으로 그 장래를 능히 헤아려 알 수 없게 하셨습니다. "그 신후에 무슨 일이 있을지 알지 못하게 하셨다." 하나님이 일부러 알지 못하게 하셨다는 것입니다.

그래서 그 한계를 인정하는 것, 우리가 모른다는 사실을 인정하는 것, 그러면서 하나님을 신뢰하는 것, 그것이 지혜입니다. 여러분, 우리가 앞날을 모른다는 일은 사실 답답하고 괴로운 일이 아닙니다. 얼마나 그것은 다행스러운 일입니까? 우리가 우리 앞날에 일어날 일을 안다면 우리가 행복하게 살 수 없을 것입니다. 우리는 불안할 것이고, 두려울 것이고, 그 일이 닥치기도 전에 우리는 염려하고 신음할 것입니다. 사실 앞날을 모르는 것처럼 행복한 것이 없습니다. 또 과거 일도 우리는 시간이 지나가면 기억이 퇴색해서 자꾸 잊어버립니다. 그것도 참으로 복입니다. 물론 과거에 행복했던 순간, 사랑했던 사람과의 어떤 추억, 그런 것은 오래 오래 간직하고 싶겠지만 인생은 흘러가는 것입니다. 과거에 얽매일 필요가 없습니다. 좋은 건 간직하지만 거기에 사로잡혀 있거나, 거기에 얽매이지 말라는 것입니다.

첫 번째는 신뢰이고, 그 다음에 두 번째는 그러기 때문에 하나님을 경외하는 것이 결론인 것입니다. 하나님은 모든 것을 아십니다. 하나님은 우리의 가는 길을 아시고, 당신이 하시는 일을 아시고, 나아가 하나님의 때에 모든 것을 아름답게 하실 것입니다. 우리가 그 점을 신뢰한다면 그 다음에 어떻게 하려고 할까요? 당연히 하나님을 경외하고, 하나님을 의지하며, 하나님이 이끄시는 대로 따라가려고 할 것입니다.

전도서 5장 1절과 2절에 이런 말씀이 나옵니다. "너는 하나님의 전에 들어갈 때에 네 발을 삼갈지어다. 가까이 하여 말씀을 듣는 것이 우매자의 제사 드리는 것보다 나으니 저희는 악을 행하면서도 깨닫지 못함이니라. 너는 하나님 앞에서 함부로 입을 열지 말며 급한 마음으로 말을 내지 말라 하나님은 하늘에 계시고 너는 땅에 있음이니라." 제가 지금까지 강조했던 내용입니다.

성경 전체를 관통하는 믿음의 아주 중요한 핵심 요소가 있습니다. 그것은 하나님을 두려워하는 것입니다. 하나님을 정말 아는 사람들은 하나님을 두려워했습니다. 모세도 하나님을 두려워했고, 바울도 "우리가 주의 두려우심을 앎으로"라고 고백을 했고, 우리 주님 자신이, 예수님 자신이, 하나님을 두려워하라고 말씀하셨습니다. "몸은 죽여도 영혼은 죽이지 못하는 자들을 두려워하지 말고 몸과 영혼을 아울러 영원히 꺼지지 않는 불에 던지시는 하나님을 두려워하라"고 말씀 하셨습니다. 그래서 하나님을 두려워하는 것, 이것이 믿음의 핵심요소입니다.

믿음이란 무엇입니까? 믿음이란 하나님을 아는 것입니다. 그리고 하나님을 참으로 알면 하나님을 두려워하지 않을 수 없습니다. 하나님을 두려워하는 것이 하나님을 경외하는 것입니다. 하나님 앞에서 우리가 조심해야 합니다. 하나님의 전에 들어갈 때는 정말 조심해야 합니다. 하나님 앞에서는 입을 함부로 열어서는 안 됩니다. 하나님은 하늘에 계시고 우리는 땅에 있기 때문입니다. 여러분, 이 사실을 인정하십니까? 하나님은 하늘에 계시고 우리는 땅에 있다는 이 사실을 여러분은 인정하십니까?

왜 오늘날 우리들의 믿음이 힘이 없을까요? 우리들이 열심히 믿는다고 하고, 교회 출석이나 모임에 참가하는 것을 보면 참 열심이 있습니다. 이렇게 우리들이 열심을 가지고 신앙 생활한다고 굉장히 수선을 피우는데도 불구하고, 정작 우리의 믿음은 별로 힘이 없습니다. 그 이유는 무엇일까요? 그 이유는 하나님을 모르기 때문입니다. 하나님을 두려워할 줄 모르고 하나님을 경외할 줄 모르기 때문입니다. 모든 것이 우리가 주인이고 하나님조차도 우리 뜻에 따라 움직이셔야 할 분이라고 생각하기 때문에 그렇습니다.

여러분, 기도하실 때 한 마디 한 마디를 이것이 하나님의 뜻에 합당한 기도일까를 생각하면서 기도해 보신 적 있습니까? 우리가 기도할 때 너무 우리 생각대로 기도합니다. 우리 생각대로 기도하면서 그것을 하나님께 강요하고 하나님께 억지로 떠맡기듯이 기도할 때가 많습니다. 그렇게 기도하지 말라는 것입니다. 입을 함부로 열지 말라는 것입니다. 하나님께로 가까이 와서 하나님의 말씀을 듣는 것이 더 낫다는 것입니다. 그래서 하나님을 경외해야 한다는 것입니다.

인생을 사는 것에 있어서 최고로 큰 지혜는 무엇일까요? 하나님을 믿으라는 것입니다. 인생은 하나님의 것이고, 세상은 하나님의 것이고, 모든 것은 하나님이 주관하시고, 하나님이 다스리시는 것입니다. 우리 인간은 한계에 처한 자들이고, 우리 지혜라는 것은 많은 것을 알지 못하는 것이고, 우리는 우리의 앞날의 일을 모르고, 하나님이 하시는 일의 시종을 모릅니다. 그러한 우리는 어떻게 해야 됩니까? 우리 자신의 위치를 알고, 하나님의 높고 위대하심을 알고, 그 하나님을 신뢰하며, 그 하나님을 경외하는 것, 이것이 결론입니다. 이것이 지혜입니다. 그러나 오늘 날 이렇게 사는 것은 미련하게 보입니다. 벌어지는 사태를 스스로 빨리 파악해서, 이 시대의 흐름을 빨리 파악해서, 남보다 앞서서 행동하고, 그래서 자신의 꾀로 무엇인가를 성취하는 것, 그것이 진짜 지혜일 것이라고 사람들은 생각합니다. 이 세상이 전부라면 그럴 수 있습니다. 우리가 살아가는 칠십, 팔십 평생이 전부라면 그렇게 약삭빠르게 꾀를 부리며 사는 것이 어쩌면 더 나은지도 모르겠습니다.

그러나 하나님은 살아계십니다. 하나님은 언젠가 모든 것을 심판하실 것입니다. 그렇기 때문에 그것은 지혜가 아닙니다. 성경은 그것을 악인의 꾀라고 말합니다. 복 있는 사람은 악인의 꾀를 좇지 않습니다. 복있는 사람은 여호와의 율법을 즐거워하며 그 율법을 주야로 묵상하는 것입니다.

인간의 지혜와 하나님의 지혜

하나만 더 말씀을 드리겠습니다. 인간의 지혜와 하나님의 지혜입니다. 인간의 지혜는 하나님을 아는 것, 그것이 인간의 지혜입니다. 하나님의 지혜는 모든 것을 아시는 것, 그것이 하나님의 지혜입니다.

여러분, 선악과의 이야기를 잘 아시지요? 제가 여러 번 설명했기 때문에 선악과의 의미를 여러분은 잘 아실 것입니다. 사람들은 흔히 하나님이 왜 선악과를 만드셨느냐? 선악과를 만들지 않으셨다면 이 모든 일은 일어나지 않았을 것 아닌가 하고 이의를 제기합니다. 그런데 선악과는 그 의미를 곰곰이 생각해 보면 하나님이 먹지 말라고 말씀하지 않으셨더라도 우리가 먹을 수 없는 것입니다. 다시 말하면 하나님이 인간에게 선악과를 먹지 말라고 말씀하신 것은 경고이기도 하지만 인간을 보호하시기 위해서 주의를 주신 것입니다. 그리고 인간이란 존재가 있는 한 선악과는 있는 것입니다. 하나님이 만드시고 안 만드시고 하는 차원이 아니라 하나님이 인간을 만드시면 인간에게는 선악과가 있는 것입니다. 무슨 의미일까요? 선악과를 따 먹고 난 후에 인간은 자기 몸이 벗은 걸 알게 되었습니다. 그리고 하나님의 낯을 피하여 나무 그늘 뒤로 숨었습니다. 그 때 하나님이 이렇게 말씀하십니다. "이들이 선악을 아는 일에 우리 중 하나같이 되었다."

인간이 선악과를 따 먹고 나서 결과가 어떻게 되었습니까? 선악을 알게 되었습니다. 선악을 아는 일에 우리 중 하나같이 되었다고 하셨습니다. 다시 말하면 하나님처럼 되었다는 것입니다. 여러분, 선악을 아는 일이 왜 잘못되었습니까? 여기서 선악을 안다는 것은 하나님처럼 선악을 아는 것인데, 그 말의 뜻은 선과 악을 인간이 스스로 정한다는 것입니다. 선과 악을 내가 정하겠다, 내가 규정하겠다, 무엇이 선이고 무엇이 악인걸 내가 정하겠다고 하는 것이 선악과를 따 먹는 행위입니다. 우리는 선악을 알기 위해서 선악과를 따 먹는 것이 아닙니다. 선악은 하나님만이 아시는 것입니다. 그건 인간이 알 수 있는 지식이 아닙니다. 인간은 어떻게 해야 됩니까? 하나님이 이것은 선이라고 말씀하시면 그것은 선이라고 생각하는 것입니다. 순종하는 것입니다. 하나님이 이것은 악이라고 말씀하시면 "아! 그게 악이구나." 그렇게 알고 그 악을 피하면 됩니다.

여러분, 선과 악을 우리가 어떻게 압니까? 선악이 무엇입니까? 우리가 판단해서 "이것은 선이고 이것은 악이다"라고 말할 수 있습니까? 선악은 하나님이 정하신 것입니다. 하나님이 정하시는 것이 선악입니다. 그래서 우리는 하나님이 정하신 선악을 하나님에게 배워서 하나님이 말씀하시는 것을 알고 따라서 행하면 되는 것입니다. 무슨 말입니까? 어떤 지식, 어떤 지혜는 하나님께만 속한 것입니다. 우리는 그걸 알 수 없습니다. 그래도 괜찮습니다. 왜 그렇습니까? 우리는 하나님을 알기 때문입니다. 아담과 하와는 선악과를 따 먹지 않음으로써 부족한 것이 전혀 없었습니다. 하나님을 알았기 때문입니다. 하나님이 지시하는 대로만 살면 되었기 때문입니다. 그러나 선악과를 따 먹고 나서, 선과 악을 자신이 규정하겠다고 나서고 나서, 인간은 파멸하고 말았습니다.

요즘 21세기, 20세기도 마찬가지였지만, 현대의 모습은 정확히 선악과를 따 먹은 인간이 혼란에 빠진 모습입니다. 이제 인간들은 선악을 상대적으로 생각하게 되었습니다. 내가 정하는 것이 선이고, 내가 정하는 것이 악이라고 주장하면서부터 선과 악이 흐릿해져 버렸습니다. 그것을 구분하는 선이 다 무너져 버렸습니다.

포스트 모더니즘(Post Modernism)의 특징은 상대주의입니다. 어떤 사람이 이것이 선이라고 주장하면, 다른 사람은 그것은 당신에게 선이고 당신에게 진리일 뿐이지 나에게 있어서 선은 다르다고 합니다. 그리고 무엇이 선인지는 스스로 정하겠다고 합니다. 여러분, 동성애가 왜 잘못됐습니까? 어떤 사람들은 동성애가 잘못 된 이유를 우리들의 본성이 거부한다고 말합니다. 대다수의 사람에게는 그렇지요? 그러나 동성애자들은 우리들의 본성에는 동성애가 맞는다고 주장하는 것입니다. 그들의 본성에 동성애가 맞는다면 우리 본성에 동성애가 거슬리고 혐오스럽다고 해서 반대할 어떤 근거가 됩니까? 동성애를 반대하는 이유는 하나님이 정하신 법에 어긋나기 때문입니다. 동성애가 허용되어야 된다거나, 동성애는 각 사람의 취향과 선택에 달린 것이라는 것은 선악과를 따 먹는 하나의 예입니다. 그런 예가 요즘 현대인의 삶에 얼마나 많습니까? 그리고 그것이 우리 믿는 자들에게도 얼마나 많은 영향을 끼

치고 있습니까? 그래서 우리의 사고방식도 점점 자기가 주인이 되는 것입니다. 자기가 정하는 것입니다.

최고의 삶은 "하나님을 신뢰하고 경외하며 사는 것"

어떤게 바른 신앙인가요? 여러분, 바른 기독교 신앙을 어디서 배울 수 있습니까? 성경밖에 없습니다. 성경을 떠나서 어떻게 우리가 하나님의 뜻을 알 수 있습니까? 그런데 자꾸만 다른 영성을 기웃기웃합니다. 불교의 참선, 힌두교의 명상, 이런 것을 통해서, 어떤 신비적인 체험을 통해서 자기가 뭔가 영적 세계를 알고, 자기가 뭔가 나름대로의 신앙의 체계를 세워보고 싶어 합니다. 이 모든 것이 인간의 헛된 욕망입니다. 그리고 이것은 지혜가 아니라는 것입니다.

다시 한 번 반복해서 말씀드립니다. 여러분, 인간의 지혜는 하나님을 아는 것입니다. 우리는 하나님을 알면 됩니다. 하나님의 말씀을 들으면 됩니다. 하나님의 음성을 듣고 그 분의 명령을 따라 살면 됩니다. 하나님의 지혜는 모든 것을 아시는 것입니다.

인간의 지혜는 한계를 아는 것입니다. 모른다는 것을 인정하는 것입니다. 우리는 인생 앞에 겸손해져야 됩니다. 우리 가는 길을 사실 우리는 모릅니다. 역사가 어떻게 되는지, 세상이 어떻게 되는지, 우리 자신은 잘 모릅니다. 그러나 우리는 하나님을 알고, 하나님이 우리 인생을 인도하심을 알고, 하나님이 모든 것을 때를 따라 아름답게 하시는 것을 알고, 궁극적으로 하나님이 모든 것을 심판하실 것을 압니다.

그래서 그 하나님을 신뢰하고 그 하나님을 경외하며 사는 것입니다. 이것이 전도자가, 그리고 성경의 지혜문학이 우리에게 가르쳐 주는 지혜입니다. 그 지혜를 좇아 살아가는 여러분과 제가 되기를 바랍니다.

삶의 수수께끼

초판 발행 2021년 2월 10일

지은이 김현회
판 권 ⓒ겨자씨서원
발행인 위남량
원 장 김선웅
편 집 조세규
디자인 이중찬, 고은혜

펴낸곳 겨자씨서원
출판등록 제838-99-00603호
주 소 경기도 구리시 장자대로 37번길 70, 104동 204호
전 화 010-7657-7176
이메일 mspkoreal@gmail.com

값 15,000원
ISBN 979-11-964148-5-6

Printed in Korea

잘못된 책은 바꿔드립니다.
이 출판물은 저작권법에 의해 보호를 받는 저작물이므로 무단 전재나
무단 복제를 할 수 없습니다.